KB117518

회사
언제까지
다닐 거니?

회사, 언제까지 다닐 거니?

지은이 스크루지
펴낸이 임상진
펴낸곳 (주)넥서스

초판 1쇄 발행 2021년 3월 25일
초판 5쇄 발행 2024년 1월 22일

출판신고 1992년 4월 3일 제311-2002-2호
주소 10880 경기도 파주시 지목로 5
전화 (02)330-5500 팩스 (02)330-5555
ISBN 979-11-6683-036-5 03320

저자와 출판사의 허락 없이 내용의 일부를
인용하거나 발췌하는 것을 금합니다.

가격은 뒤표지에 있습니다.
잘못 만들어진 책은 구입처에서 바꾸어 드립니다.

www.nexusbook.com

절약에서 투자까지

오늘부터 시작하는
재테크 라이프

회사
언제까지
다닐 거니?

스크루지 지음 | 팡팡 그림

욜로하면

골로 간다!

넥서스BIZ

이 책, 정말 읽어야 할까요?

☑ 나의 재테크 레벨 체크해 보기

- ☐ 돈을 쓰는 것보다 모으는 것에 기쁨을 느낀다.
- ☐ 월급의 60% 이상을 저축 및 투자에 쓰고 있다.
- ☐ 가계부앱으로 하루 지출을 체크한다.
- ☐ 한 달 용돈으로 정한 금액을 초과하여 쓰지 않는다.
- ☐ 될 수 있으면 할부는 하지 않는다.
- ☐ 국민연금 외 개인적으로 노후를 준비하고 있다.
- ☐ 65세 이후에 매달 수령할 금액이 얼마인지 안다.
- ☐ 갱신형 보험과 비갱신형 보험의 차이를 안다.
- ☐ 단기, 중기, 장기로 세분하여 자산을 운용하고 있다.
- ☐ 현재 시가총액 1위 기업이 어디인지 안다.
- ☐ 우선주와 보통주의 차이를 설명할 수 있다.
- ☐ ETF와 펀드의 차이를 설명할 수 있다.
- ☐ 포트폴리오를 구성하여 주식 투자를 하고 있다.
- ☐ 펀드 이름만 보고 펀드의 특징을 말할 수 있다.
- ☐ 본업 외에 사이드잡으로 추가 수익을 얻고 있다.

만약 10개 이상 체크했다면?
당신은 이 책을 읽지 않으셔도 됩니다!

그럼 지금부터
스크루지와 함께
재테크를 시작합시다!

저자의 말

　인생에 있어서 돈이 최고가 될 수 없고 그렇게 되어서도 안 됩니다. 하지만 돈은 우리가 살아가는 데 있어서 반드시 필요한 수단임은 누구도 부인할 수 없는 사실입니다. 또한 돈은 인간의 행복에 어느 정도 영향을 끼칩니다.

　직장인은 회사에 다니면서 '월급'이라는 것을 받고, 이 월급을 본인에게 필요한 곳에 사용하고 남는 돈은 저축합니다. 물론 저축이 틀린 재테크 방법은 아니지만, 금리가 1%대인 지금과 같은 때에는 효과적이지 않습니다. 단순히 예금과 적금으로 돈을 불리기에는 한계가 있으므로 재테크에 관심을 가질 필요가 있습니다.

　거기다 최근 들어 부의 양극화가 점점 심해지고 있어 재테크를 하지 않으면 가만히 있어도 뒤처지는 느낌을 받습니다. 느낌만이 아니라 실제로 물가 상승률까지 고려하면 오히려 마이너스가 되는 셈입니다.

2016년부터 부동산 가격이 오르기 시작하면서 평소에 돈에 관심이 많고 부동산 공부를 미리 해놓았던 사람들에게는 이번 코로나19로 인한 위기가 오히려 기회로 작용하였습니다. 반면 부동산을 소유하지 못한 사람들의 상대적 박탈감은 이루 말할 수 없는 상황이 되어버렸습니다.

그렇다고 포기하기는 이릅니다. 오늘부터라도 계획적으로 소비하면서 경제의 흐름을 공부하면 앞으로 다가올 기회를 잡을 수 있습니다. 저도 처음부터 넉넉한 형편은 아니었습니다. 하지만 다행히 어머니의 남다른 절약정신 덕분에 절약하는 습관을 배울 수 있었습니다. 아르바이트로 75만 원을 벌면 30만 원을 쓰고 45만 원을 저축했고, 취업 후 월급을 받게 된 후에도 30만 원의 지출을 유지하였습니다. 저의 닉네임인 '스크루지'만 보아도 제가 얼마나 절약을 중요하게 생각하는지 아실 수 있을 것입니다. 절약이 지금의 저를 만들었다고 저는 단호하게 말할 수 있습니다.

저는 1년 동안 1,000만 원을 모았고, 그 1,000만 원으로 1억을 만들기까지 5년이 걸렸습니다. 그리고 그 1억이 10억이 되는 데에도 똑같이 5년 밖에 걸리지 않았습니다. 놀라우신가요? 저도 처음에는 그랬습니다. '돈이 돈을 번다'는 말을 저도 경험하고 나서야 이해하게 되었습니다.

제가 생각할 때 지금처럼 돈을 벌기 쉬운 시대도 없었던 것 같습니다. 그리고 이런 좋은 시기가 끝나가기 전에 지금 당장 재테크를 시작해서 남들보다 뒤처지지 않게 자산을 빠르게 쌓아 나가야 합니다.

결혼을 하신 분이라면, 배우자와 같이 공동의 재테크 목표를 세우고 힘을 합쳐 노력한다면 혼자서 하는 것보다 빠르게 경제적 자유를 얻으실 수 있습니다. 한 사람은 액셀을 밟고 있는데, 나머지 한 사람이 브레이크를 밟고 있다면 앞으로 나아갈 수가 없고 그 노력은 물거품이 되기 쉽습니다. 만약 아내가 '재테크 라이프'에 동참해 주지 않았다면 저 역시 여기까지 올 수 없었을 겁니다.

물론 저보다 더 대단한 자산가, 자수성가로 부를 이룬 분들이 많습니다. 스스로도 아직 많이 부족하다고 생각합니다. 그렇기 때문에 지금도 매일 3~4시간씩 투자 관련한 공부를 하면서 어떻게 하면 돈을 더 안 쓰고 모을 수 있을지, 또 불릴 수 있을지 고민합니다. 하지만 그런 점이 오히려 많은 분들께 실질적인 도움이 될 거라고 생각하여 책을 썼습니다.

세계적인 자산가들의 비법을 읽는 것도 중요하지만, 그 전에 자신의 상황에 맞는 좋은 소비 습관과 재테크 공부법을 몸에 익히셨으면 합니다. 부디 이 책이 저와 같은 상황에 놓인 직장인들, 또 어떻게 재테크를 시작하면 좋을지 고민하는 사회 초년생들에게 도움이 되기를 바랍니다.

이 책은 순서대로 읽어 나가시면 됩니다. '절약하기, 모으기, 더 많이 벌기, 투자하기'라는 제가 생각하는 재테크의 기본 공식을 단계별로 풀어 놓았습니다. 각각의 단계에 맞는 실천 사항들도 함께 담았으니 꾸준히 실천만 한다면 누구나 기본적인 부를 이룰 수는 있을 것입니다. 여러분들은 공부하고 연구하는 시간을 이 책으로 아낄 수 있으니 저보다 더 빨리 자산을 모으실 수 있을 겁니다.

끝으로 저의 첫 책을 성공적으로 출간할 수 있게 여러모로 도와주신 편집자님과 넥서스 출판사에 감사의 말씀을 드립니다. 또 언제나 제 옆에서 든든하게 도와주는 아내에게 사랑한다는 말을 전하고 싶습니다.

재테크를
해야 하는 이유

구체적인
재테크 전략 짜기

PART 3

돈 관리와
돈 공부 시작하기

PART 4

자산 불리기
이론편

PART 5

자산 불리기
실전편

PART 6

월급 외 수입 늘리기

PART1

재테크를
해야 하는 이유

Cartoon

1 월급을 모아 집을 산다?

일반적으로 재테크는 취직 후 월급을 받기 시작하면서 시작하는 경우가 많습니다. 매달 들어오는 월급으로 의식주를 해결하고, 남는 돈으로 저축을 하면서 미래를 위한 대비를 하는 것이 직장인들의 가장 기본적인 패턴이지요.

그러나 저축은 이제 미래를 대비하는 가장 효과적인 방법이 아닙니다. 물론 착실히 돈을 저축하는 방법이 틀렸다는 것은 아니에요. 꾸준하게 모으는 습관이 재테크에서 가장 중요하다는 것은 누구도 부정할 수 없는 사실입니다. 다만 모으는 것만으로는 부족하다는 뜻입니다. 아래 그래프를 봅시다.

그래프를 통해 알 수 있듯, 90년대의 금리와 현재의 금리를 비

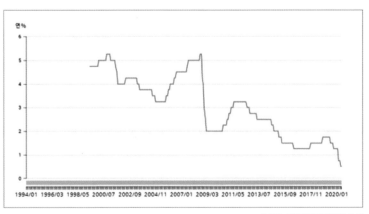

* 출처: 한국은행 경제통계시스템

교해 보면 많은 차이가 있습니다. 그래프에는 나와 있지 않지만 1997년에는 기준금리가 15%에 달할 정도였습니다.

계산하기 쉽게 기준금리가 10%라고 가정을 해 봅시다. 이것은 은행에 1억을 예금하면 1년에 1,000만 원의 이자가 생긴다는 말입니다. 은행에 저축을 하면 원금도 보장되고, 수익금도 매년 10%씩 생기니, 과거에는 굳이 위험을 감수하면서 다른 투자를 할 필요가 없었지요.

하지만 금리는 계속해서 낮아지고 있고, 한국은행의 기준금리는 0.5%까지 내려왔습니다(2021년 1월 기준). 전문가들은 앞으로도 기준금리는 예전만큼 높게 올라가지 못할 것이며 저금리 기조는 당분간 계속해서 유지될 가능성이 높다고 전망합니다. 즉 예금과 적금을 통해 여러분의 자산을 늘릴 수 없다는 말입니다. 물론 '월급을 모아 집(아파트)을 산다'는 말도 더는 통하지 않고요.

2020년 1월 직장인들의 소득에 관한 자료를 통계청에서 발표한 바 있습니다. 이 자료에 따르면 2018년 기준으로 직장인의 평균 소득은 297만 원입니다.

또한 소득 구간별로 분포도를 보면 150~250만 원 구간에 속하는 직장인들이 가장 많고, 연봉이 올라갈수록 해당되는 직장인의 수가 점차 적어지는 것을 알 수 있습니다.

● 소득 구간별 분포 (단위:%)

	2018년	2017년	2016년
85만 원 미만	16.3	16.8	16.7
85~150만 원 미만	11.2	15.9	17.7
150~250만 원 미만	28.9	25.1	14.5
250~350만 원 미만	15.4	14.9	14.5
350~450만 원 미만	9.3	9.1	8.9
450~550만 원 미만	6.1	6.0	5.8
550~650만 원 미만	4.3	4.2	4.0
650~800만 원 미만	4.0	3.8	3.4
800~1,000만 원 미만	2.3	2.2	2.1
1,000만 원 이상	2.2	2.0	1.8

* 출처: 한국은행 경제통계시스템

물론 월 1,000만 원 이상의 급여를 받고 있다면 재테크의 필요성을 그렇게 크게 느끼지 못할 수도 있습니다. 하지만 대부분의 직장인들은 현재 월급에 만족하지 못할 겁니다. 이럴 때 우리가 생각할 수 있는 방법은 두 가지가 있습니다.

1. 몸값을 높여 월급을 1,000만 원 이상 받는다.
2. 재테크를 통해 자산을 계속 불려 나간다.

이 두 가지를 모두 실행하는 것이 최선이겠지만, 전자의 경우는 본인의 의지만으로는 달성할 수 없으므로 재테크로 자산을 늘려 나가는 것이 가장 현실적인 방법입니다. 아직도 재테크의 필요성을 못 느끼시겠다고요? 그럼 다음 표를 살펴봐 주세요.

●국내 주요 재화·서비스 가격 변화

	1980년	증가폭	2019년
국민 1인당 GDP	1,714달러	18.5배	3만 1,754달러
사병 월급(육군 병장 기준)	3,900원	139배	54만 1천원
강남 은마 아파트(3.3m² 기준)	전세 16만 원	102배	1,629만 원
	매매 77만 원	84배	6,469만 원
담뱃값(1갑 기준)	300원	15배	4,500원
*최저임금(시급)	690원	12.4배	8,590원
*공무원 월급(7급 초봉 기준)	23만 9천 원	7.9배	188만 원
닭고기(1kg 환산 기준)	1,400원	3.3배	4,656원
쌀값(4kg 환산 기준)	3,000원	3.2배	9,500원

* : 1990년과 2020년 비교

* 출처: 연합뉴스 (자료: 하나금융경영연구소)

　위의 표는 1980년과 2019년의 주요 재화 및 서비스를 비교한 자료입니다. 자료에 따르면 약 40년 동안 우리나라 국민 1인당 GDP가 약 18.5배 증가했습니다. 이는 수입과 함께 물가도 증가했다는 뜻입니다.

　이 당시 최저임금이 시간당 690원이었고, 공무원의 월급은 약 23만 원에 불과했습니다. 더욱 놀라운 것은 강남의 은마 아파트 평당 가격이 77만 원이었다는 점입니다. 지금은 평당 약 6천만 원으로 약 84배가 올랐음을 알 수 있습니다.

　앞으로 40년 뒤 물가는 더욱더 올라갈 것입니다. 인플레이션보다 내 자산을 더 많이 모아야겠다는 생각이 들지 않으시나요? 이제 재테크는 선택이 아니라 필수입니다.

2 국민연금으로 노후를 대비한다?

직장인이라면 누구나 의무적으로 월급의 9%를 국민연금으로 납부합니다. 여기서 4.5%는 회사가, 나머지 4.5%는 근로자가 나누어 부담합니다.

2020년 10월 기준으로 국민연금을 받고 있는 수급자 수는 약 500만 명이고 1인당 월 지급액의 평균은 약 47만 원입니다. 이것을 월로 계산해 보면 2조가 넘는 큰 금액이 매달 기금에서 지출되고 있음을 알 수 있습니다. 게다가 국민연금 수급자 수도 점점 늘어나고 있으며, 2019년 기준으로는 약 490만 명입니다.

이 책을 읽고 있는 독자가 20대 후반~30대라고 가정을 해 보고, 그들이 국민연금을 수령할 나이가 되었을 때 국민연금이 과연 노후를 보장해 줄 수 있을지 생각해 보아야 합니다.

만약 기금이 고갈되지 않아서 지급된다고 하더라도 우리가 살아갈 수 있을 정도의 충분한 금액이 지급되지는 않을 것입니다. 이는 현재 지급되는 연금액을 보더라도 알 수 있습니다. 지금은 1인당 평균 47만 원의 연금을 받고 있는데 이 금액으로 의식주를 모두 해결하기에는 턱없이 부족합니다.

참고로 지금까지 납입한 국민연금 내역을 확인하고 싶으면, 국민연금 공단 홈페이지의 '내연금 알아보기' 메뉴에서 간단한 인증을 거치면 조회할 수 있습니다.

*출처: 국민연금관리공단

얼마 전 뉴스에서 노후를 보내기 위한 최소 생활비는 2인 가구 기준으로 160만 원이라는 기사를 본 적이 있습니다. 그러나 이는 기초 생활비입니다. 2인 가구 기준 적정 생활비는 224만 원이라고 합니다. 즉 노후에 월 224만 원 정도는 지급되어야 2인 가구가 적정한 생활을 영위할 수 있다는 뜻인데, 현재 국민연금만으로 이 금액을 맞추기에는 턱없이 부족합니다. 그리고 부모님 세대는 자산의 대부분이 부동산에 묶여 있는 경우가 많아 현금 흐름이 좋지 않은 상황입니다.

또한 우리나라는 빠르게 고령화 사회로 진입하고 있습니다. 오른쪽 그래프를 보면 고령 인구 비율은 꾸준하게 증가하는 반면, 유소년 인구는 조금씩 감소추세에 있습니다. 이 말은 나중에 노동이 가능한 인구가 줄어들어, 직장인 1명당 부담해야 하는 부양 인

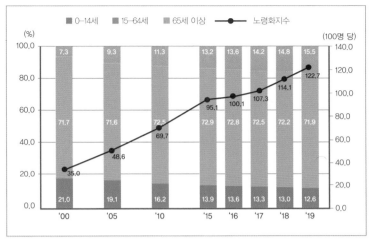

■ 0–14세　■ 15–64세　■ 65세 이상　—●— 노령화지수

*출처: 2019년 인구주택총조사 결과

구수가 늘어나게 된다는 뜻입니다.

　이미 보도된 여러 뉴스를 통해서도 알 수 있듯이 정부에서는 세금을 통해 부족한 금액을 채웁니다. 앞으로도 정부는 계속해서 세금을 더 많이 걷을 것이고, 국민연금 또한 기금이 부족한 상황이 발생될 때쯤 직장인들의 월급에서 세율을 더 높여서 금액을 메꾸어 나갈 것입니다. 따라서 우리는 앞으로 누군가에게 의존하지 않고 스스로 노후를 준비해 나가야 합니다. 젊을 때부터 차근차근 자산을 불려서 노후를 준비하고 있는 사람과 노후에 대한 구체적인 준비 없이 살아가는 사람의 차이는 시간이 지날수록 확연하게 드러날 것입니다.

3 ▶ 위기에도 부자는 탄생한다

2020년 초부터 급속도로 확산된 코로나19로 인하여 실업률이 증가하고, 경제가 일부 마비되는 등 전 세계가 충격에 휩싸였습니다. 경제 위기는 2008년 금융 위기와 같은 사태에서 시작되는 줄만 알았지 질병으로 시작되리라고는 아무도 예상하지 못했습니다. 이 시점이 저의 재테크 인생에서 가장 공포스러웠던 때가 아닐까 싶습니다. 아마 저뿐만 아니라 모든 사람이 마찬가지였을 것입니다.

이 사태로 많은 자영업자들이 생계를 이어 나가기가 힘들 정도로 매출이 급감하였습니다. 2~3개월 뒤면 끝날 줄 알았는데 잠잠해지다가 다시 확산되어 점점 더 어려운 상황이 지속되고 있습니다. 자영업자들은 월세라도 내기 위해 잠을 줄여 대리운전을 하거나 택배 업무에 뛰어드는 일도 마다하지 않았습니다. 국민이 잘 살 수 있도록 지원해 주어야 하는 정부도 이렇게 대규모 사태에 있어서 어떤 지원책을 내야 할지 막막했을 것입니다.

하지만 이런 상황 속에서도 부자는 계속해서 탄생했습니다. 언택트 시대의 변화를 예측하고 발 빠르게 준비해왔던 사람들은 부를 증식시킬 수 있는 기회를 잡았습니다. 2020년 3월 중순까지 전 세계 주식은 급락하였고, 이때를 놓치지 않고 투자를 한 사람들은 평균적으로 30% 이상의 수익을 거두었습니다. 30%라는 수익이 잘 와닿지 않는 분들을 위해 쉽게 설명하자면, 은행 이자의 60배에 달하는 규모입니다. 저 또한 이때 주식을 분할 매수하여 시세 차익을 거두었습니다.

이 시기에 주식 외에도 다양한 방법으로 돈을 번 사람들의 이야기가 온라인에서 화제가 되기도 했습니다. 유튜버 '신사임당'님의 경우에는 물론 이전에도 꾸준히 채널이 성장하고 있었지만 언택트 시대에 돈을 벌 수 있는 다양한 노하우를 공개하면서 더욱 주목을 받았습니다. 또 'N잡하는 허대리'님은 전자책 판매로 매달 월급보다 높은 수익을 거둔 것으로 유명하고 지금은 여러 가지 사업을 펼쳐 나가고 있습니다.

코로나19가 야기한 언택트 시대에서 현실에 주저앉은 사람도 있지만, 어떤 이들은 미리 준비한 덕분에 이 위기를 부자가 되는 기회로 활용했습니다. 즉 스스로 노력하지 않으면 아무것도 얻을 수 없습니다. 운이 좋아서 한두 번 누군가의 도움을 통해 성장할 수 있을지는 몰라도, 장기적으로 누군가의 도움을 받아 성장한다는 것은 불가능에 가깝습니다.

이 책을 쓰기 전에 제가 전자책 판매로 수입을 올릴 수 있었던 것도 이런 분들의 지식을 공유 받는 것에서 그치지 않고 실천으로 옮겼기 때문에 가능했습니다.

얼마 전 『더 해빙』*이라는 책에서 한 그래프를 보았습니다. 1990년대만 해도 상속형 부자의 비율이 자수성가형 부자의 비율보다 앞섰지만, 2014년에는 자수성가형 부자의 비율이 더 많아질 정도로 역전되었음을 보여주는 그래프였습니다.

이것은 선천적인 영향보다 후천적인 노력으로 충분히 부를 이룰 수 있다는 것을 말합니다. 흙수저라고 본인이 처한 환경을 탓하지 말고, 그 절실함을 오히려 스스로 노력할 수 있는 재테크 에너지로 바꿔 나간다면 누구나 노후 걱정 없이 살 수 있을 것이라 생각합니다.

◆ 스크루지, 재테크에 눈을 뜨다

저는 전형적인 흙수저였습니다. 학창 시절 때 집안 형편이 어려워져서 제대로 된 학원을 다녀보지 못했고, 남들이 비싼 과외를 받고 학원을 다닐 때 집에서 혼자 공부를 하면서 인터넷 강의로 부족한 부분을 채워 나갔습니다. 열심히 노력한 덕분인지 저를 포함한 삼 남매 모두 좋은 대학교에 합격을 했습니다. 그러나 문제는 등록금이었습니다. 세 명의 등록금을 낼 수 있는 형편이 아니

---

* 이서윤·홍주연 지음, 수오서재, 2020

었기 때문입니다. 대학 진학을 포기해야 할까 봐 걱정이 되었는데 어머니께서 이미 우리의 등록금을 준비해 두었다고 하시는 게 아니겠습니까! 그 돈은 어머니께서 10년 전부터 부업을 하면서 모은 돈이었습니다. 사실 어렸을 때에는 어머니가 절약하시는 모습이 싫었습니다. 하지만 그런 위기 상황을 겪으니 절약하는 생활이 얼마나 중요한지 깨달을 수 있었습니다. 이때부터 저에게 돈에 대한 개념이 생긴 듯합니다.

대학교에 입학해서는 공부를 열심히 해 장학금을 탔고, 과외로 용돈도 벌면서 부모님의 부담을 덜어드리려 노력했습니다. 전역 후 복학하기 전에도 잠깐이지만 중소기업에서 아르바이트를 했습니다. 그때 월급이 75만 원 정도였습니다. 저는 그 75만 원에서 45만 원을 적금하고 나머지 30만 원을 교통비, 식비, 휴대폰 요금 등에 사용했습니다. 어떻게 그 돈으로 생활할 수 있냐고 묻는 분들이 많은데, 사람은 적응의 동물이라서 예산이 줄면 그 안에서 어떻게든 생활하게 됩니다. 점심은 3,000원짜리 도시락을 사 먹고, 가까운 거리는 걸어서 다니고, 쇼핑도 정해진 예산 안에서만 했습니다. 이렇게 지내보니 더욱 돈의 소중함을 느끼게 되었습니다.

30세부터는 본격적으로 재테크를 하기 위해 관련 서적들을 일주일에 한 권씩 꾸준히 읽었습니다. 사용 목적에 맞게 통장을 여러 개로 쪼개는 등 기초적인 돈 관리부터 시작했습니다. 그 무렵부터 엑셀 가계부를 직접 만들어 자산을 관리하기 시작했고요. 이후 안정적인 적립식 펀드를 통해 투자를 시작했습니다. 그리고 주식, 부동산에 대해서도 차근차근 공부하면서 여기까지 오게 되었습니다. 그리고 부자가 되는 것이 불가능한 일이 아님을 많은 분께 이야기하고자 투자 블로그도 시작했습니다. 기초적인 자료부터 보고서 요약까지 정성을 다해 포스팅하니 응원해 주시는 분들이 점점 늘어났습니다.

> "잠자는 동안에도 돈이 들어오는 방법을 찾아내지 못한다면,
> 당신은 죽을 때까지 일해야 할 것입니다."
> If you don't find a way to make money while you sleep,
> you will work until you die.

제가 좋아하는 세계적인 투자자 워런 버핏(Warren Buffett)의 말입니다. 이 문구를 처음 접했을 때 충격을 받았던 기억이 납니다. 저는 워런 버핏의 명언 덕분에 재테크에 대해 더욱 진지하게 생각하고 실천할 수 있었습니다. 퇴근 후에도 늘 공부하면서 안전하게 자산을 증식시킬 수 있는 방법을 고민했습니다. 적극적으로 실천하기 위해 연구도 많이 했고요.

하지만 이 과정에서 저 또한 여러분과 마찬가지로 어려움을 겪었습니다. 재테크를 하기로 결심한 초반부터 너무 어려운 투자 내용이 담긴 책을 선택해 1/3도 읽지 못하고 그대로 책장에 꽂아둔 적도 많았습니다. 그렇게 되니 오히려 답답한 마음이 더 커지더군

요. 그래서 저는 여러분이 저와 같은 실수를 하지 않도록 이 책을 기초 단계를 확실히 하고 실전 단계로 넘어갈 수 있도록 구성했습니다.

시작부터 거대 자본가의 투자법을 따라하기보다는 여러분과 똑같이 월급쟁이에서 시작한 저의 재테크 노하우를 먼저 살펴보면 많은 도움이 될 거라고 생각합니다. 10여 년의 노하우를 모두 담았으니 이 책만 보아도 "아! 이렇게 재테크를 시작하면 되겠구나!"라는 깨달음을 얻을 수 있을 것입니다.

스크루지의 핵심 정리

- 은퇴 시기에 차이는 있겠지만, 누구에게나 은퇴의 때는 찾아옵니다. 무소득 기간을 대비하기 위해 하루라도 일찍 재테크를 시작하는 것이 좋습니다.

- 시중 금리가 1% 미만인 현재의 상황에서는 은행의 예금, 적금만으로 자산을 늘리는 것은 불가능합니다. 물가 상승률을 고려하면 오히려 마이너스이기 때문입니다.

- 국민연금에만 의존하는 노후는 불안정할 수 있습니다. 하루라도 일찍 장기적인 안목으로 투자를 시작하는 것이 좋습니다.

PART 2

구체적인
재테크 전략 짜기

1 ▶ 재테크는 일찍 시작할수록 유리하다

뉴스나 책에서 '복리의 마법'이라는 말을 한번쯤 들어 보셨을 겁니다. 모르시는 분들을 위해 복리가 얼마나 대단한 것인지 스크루지와 팡팡이의 사례를 통해 쉽게 살펴 봅시다.

스크루지 : 26살 취업 후 바로 재테크를 시작.

투자금 1,000만 원으로 매년 8%로 꾸준히 수익을 냄

팡팡이 : 26살에 취업 후, 32살까지 돈을 '팡팡' 씀.

33살부터 1,000만 원으로 매년 8% 꾸준히 수익을 냄.

➡ 60세가 되었을 때 두 사람의 투자금은 얼마가 되었을까요? 계산법은 간단합니다.

[공식] 복리 만기 금액 = 원금 x (1 + 연 이자율)^n

스크루지 : 10,000,000 x (1+0.08)^34 ⇨ 약 1억 3,690만 원

팡팡이 : 10,000,000 x (1+0.08)^27 ⇨ 약 7,980만 원

은퇴 시점에 둘의 자산은 크게 차이가 납니다. 만약 투자금이 1,000만 원이 아니라 더 큰 금액이었으면 차이도 더 벌어질 것입니다. 이 상황에서 팡팡이가 스크루지만큼 자산을 늘리려면 수익률을 더 높여야 합니다. 투자 기간은 그대로 동일한 상태에서 매

년 10% 이상의 수익률을 올리면 둘의 은퇴 시점 자산은 비슷해집니다. 하지만 투자 수익률을 1% 올리는 것은 결코 쉽지 않습니다. 매일 10시간 이상 투자 업무를 하는 전문 투자자들도 연평균 10% 이상의 수익률을 꾸준하게 내는 것이 쉽지 않은데, 평범한 직장인에게는 더 힘든 일일 겁니다.

● 투자 기간에 따른 자산 증가 그래프

따라서 높은 수익률을 추구할 자신이 없다면 남들보다 '일찍' 재테크를 시작하면 됩니다. 복리의 마법은 초반에는 수익률 차이가 크지 않지만 시간이 지날수록 '스노우볼 효과**' 를 제대로 맛볼 수 있게 됩니다.

저 역시 남들보다 수익률이 많이 내는 비법이 있어서 여기까지

_____

* 스노우볼 효과(Snowball effect) : 눈사람을 만들 때처럼 주먹만 한 눈덩이를 계속 굴리면 커지는 것처럼 자산도 시간이 지날수록 이자가 극대화된다는 뜻이다.

온 게 아닙니다. 그저 일찍 재테크를 시작했기 때문에 30대 후반에 10억 중반대의 자산을 모을 수 있게 되었습니다.

혹시 늦었다고 생각하시나요? 좌절하지 말고 일단 시작하는 것이 중요합니다. '오늘'이 가장 빠른 때니까요. 부지런히 노력하면 수익률을 따라잡을 수도 있습니다. 재테크 입문서를 쓰고 있는 저도 매수와 매도를 헷갈려 하는 '주린이' 시절이 있었습니다. 여러분도 얼마든지 하실 수 있습니다.

원금을 두 배로 불리는 '72 법칙'

복리의 중요성을 설명할 때 자주 등장하는 계산법이 있습니다. 바로 세계적인 물리학자 알베르트 아인슈타인(Albert Einstein)의 '72 법칙'입니다. '72를 연간 복리 수익률로 나누면 원금이 두 배가 되는 시기와 같아진다'는 법칙입니다.

예를 들어 1,000만 원을 연간 복리 수익률 또는 이자율 4%로 투자했다고 가정해 봅시다. 72를 4로 나누면 18. 즉 18년 뒤에 1,000만 원이 2,000만 원이 된다는 결론이 나옵니다.

물론 이자율이 높으면 원금이 두 배가 되는 시간이 더 빨리 찾아오겠지만, 앞서 말했듯 수익률 1%를 올리는 것도 매우 어려운 일이기 때문에 종잣돈을 모아 일찍 투자를 시작해 장기적으로 불려 나가는 것이 좋은 방법입니다.

2▶ 투자를 잘하는 사람들의 특징

같은 시기에 투자를 해도 사람들 간의 투자 실력에는 격차가 벌어지게 됩니다. 저는 '어떤 사람들이 투자를 잘할까?'라는 호기심이 들어서 일명 '투자의 대가'로 불리는 사람들의 특징을 연구했고 그들의 공통점을 발견하였습니다. 그런 자질들을 갖추면 투자를 좀 더 잘할 수 있다고 생각해 여기에서 간단하게 정리해 보려고 합니다.

데이터 정리를 한다

투자를 잘 하는 사람의 특징 중의 하나는 정리 능력이 뛰어나다는 것입니다. 여기서 정리는 데이터를 활용하여 표로 정리하거나, 수익률을 깔끔하게 그래프로 관리하는 능력, 어려운 리포트를 다른 사람들이 쉽게 볼 수 있도록 요약하는 능력 등을 모두 포함합니다. 대부분의 투자자들이 공통적으로 정리에 사용하는 프로그램은 바로 '엑셀'입니다. 엑셀은 데이터를 계산하는 시간을 아껴주기 때문에 배워서 활용해 보면 좋습니다.

책을 많이 읽는다

투자 고수들은 대체로 다독가입니다. 책을 통해 다른 사람들의 투자 철학과 인사이트를 자기 것으로 흡수할 수 있기 때문입니다.

일주일에 5권 이상의 책을 읽는 고수들도 있지만, 최소 일주일에 한 권 이상의 책을 읽으려고 노력해 봅시다. 꼭 투자에 국한된 책만 읽을 필요는 없습니다. 인문학, 역사, 심리학, 철학 등 다양하게 읽으면서 시야를 넓혀 가는 것도 장기적으로 도움이 됩니다. 역사는 항상 되풀이되기 때문에 과거의 사례를 통해 미래를 예측해 볼 수 있습니다. 따라서 기본적인 역사적 흐름도 익혀둘 필요가 있습니다. 또한 인간의 심리나 시대의 변화 등을 다루는 인문학 책도 도움이 됩니다. 투자와 관련된 도서 리스트는 〈PART 4〉 부록에 정리해 두었습니다.

계획한 것은 반드시 실행한다

제가 경계하는 유형의 사람이 있습니다. 바로 '말뿐인 사람들' 입니다. 인간은 집단의 속성에 쉽게 전염이 되기 때문에 가급적이면 그런 사람들과는 멀리하려고 합니다. 특히 게으름과 나태함은 전염성이 더 높습니다. 투자는 계획만 세워서 되는 것이 아닙니다. 아무리 좋은 전략이 내 머릿속에 있어도 직접 실행하지 않으면 좋은 결과물이 나오지 않습니다. 투자 고수들은 밤새워 전략을 연구하고 백테스트(과거 데이터로 수익률을 계산해 보는 행위)를 통해 자신의 전략식을 검증합니다. 거기서 괜찮은 결론이 나오면 바로 실행에 옮깁니다. 오늘부터 '귀차니즘'은 버리고 작은 계획이라도 우선 실천해 보도록 합시다.

멘탈 관리에 강하다

이번 코로나19로 폭락장이 왔을 때를 생각해 봅시다. 전 세계의 주식 시장이 30% 이상 하락하였을 때 대부분의 투자자들이 패닉 상태였습니다. 하지만 투자의 고수들은 자신만의 투자 철학을 믿고 폭락장을 오히려 매수의 타이밍으로 잡았습니다. 재테크를 성공하기 위해서는 공포에 매수 버튼을 누를 수 있는, 남들이 환호성을 지를 때 매도를 할 수 있는 강한 멘탈이 필요합니다.

지출을 줄이는 스크루지다

투자의 대가인 워런 버핏은 자산이 80조가 넘을 정도의 부자이지만, 구두쇠라고 불릴 정도로 절약 정신이 투철합니다. 제가 아는 지인도 100억대 자산가인데도 돈을 낭비하지 않는 검소한 생활을 합니다.

이처럼 투자의 대가들이 지출을 많이 하지 않는 이유는 절약이 본인이 실천할 수 있는 최고의 재테크 방법이기 때문입니다. 투자로 10만 원을 버는 것보다 10만 원을 안 쓰는 것이 더 쉽습니다. 절약이 투자보다 훨씬 쉬운 방법인데도 많은 분들이 이 부분을 간과합니다. 저 또한 직장 생활 12년 동안 연 수입이 5배 이상 증가하였지만, 한 달에 사용하는 용돈은 40만 원에서 더 늘리지 않고 있습니다. 오늘 내가 현실을 즐기기 위해 사용한 돈이, 내 미래를 보장하기 위한 돈이었다고 생각하면 함부로 쓸 수 없기 때문입니다. 위에서 나열한 5가지는 딱히 특별하거나 어려운 것들이 아니고, 이미 우리가 다 아는 것들입니다. 하지만 이런 것들이 하나둘씩 모이다 보면, 나도 모르게 시너지 효과가 나는 것이 투자의 세계입니다. 이 책을 계속 읽어 나가기 전에, 본인에게 해당되는 항목이 몇 개나 되는지, 현재 어떤 부분이 부족한지 점검하는 시간을 가져 봅시다.

3️⃣ 게임으로 보는 재테크 필승 전략

아마 '스타크래프트'라는 전략 시뮬레이션 게임을 다들 들어 보셨을 겁니다. 실제로 즐겨 하시는 분들도 있겠지요. 갑자기 재테크 책에서 게임 이야기라니, 어리둥절한 분들도 있을 것입니다. 제가 지인들에게 재테크 방법에 대하여 설명할 때 게임을 가지고 자주 설명을 하는데, 이해가 쉽다는 평이 있어 여러분께도 소개하려 합니다.

일단 미네랄부터 캐자

게임을 시작하면 제일 먼저 일꾼을 움직여서 미네랄이라는 '자원'을 캐야 합니다. 미네랄을 일정량 모아야, 건물을 지을 수 있고 병력을 늘릴 수 있기 때문입니다. 이 미네랄을 캐는 일이 바로 '투자금을 모으는 것'과 같습니다. 직장인들이 투자금을 모을 수 있는 가장 안전한 방법은 예금과 적금입니다. 일단 모으는 단계에서는 이자는 크게 신경 쓰지 않아도 괜찮습니다. 예금과 적금의 목적은 이자보다는 재테크를 실행해 나가기 위한 종잣돈을 만드는 데 있기 때문입니다.

추가 멀티를 통해 파이프라인*을 늘리자

게임에서 더 많은 병력을 만들기 위해서는 본진 외에 다른 곳에 기지를 하나 더 건설해야 합니다. 이를 게임 용어로 '멀티'라고 하는데, 본진의 자원만으로는 한계가 있으므로 계속해서 멀티를 늘려 나가면 자원을 좀 더 빠르게 모을 수 있습니다. 직장인도 월급만으로는 한계가 있습니다. 월급 인상률이 높지도 않고, 인센티브가 없는 회사도 많습니다. 조금 더 빠른 경제적 독립을 위해서 사이드잡이 필수로 요구되는 사회가 되었습니다. 이미 블로그, 인스타그램, 유튜브 등을 통하여 수익을 창출하는 분들이 많고, 그 밖에도 스마트스토어, 전자책 판매 등의 활동을 통하여 투잡을 하는 직장인들도 많이 늘어났습니다.

---

* 파이프라인(Pipeline) : 원래는 석유나 천연가스 등을 수송하기 위한 관로를 뜻한다. 이것이 버크 헤지스(Burke Hedges)에 의해 '물리적 자원을 투입하지 않아도 지속적인 잉여 소득이 발생하는 것'을 의미하는 경제 용어로 쓰이게 되었다.

정찰을 보내서 현재 상황을 파악하자

게임에서 이기기 위해서는 내 기지 안에서만 활동하면 안 되고 다른 곳을 정찰하면서 현재 상황을 살펴야 합니다. 투자도 마찬가지입니다. 내 자산뿐 아니라 최근 경제 동향을 예의주시해야 합니다. 국내뿐 아니라, 전 세계에서 일어나는 여러 가지 상황에 대해서 파악하고 있어야 올바른 투자가 가능해집니다. 그래서 투자에 성공한 많은 전문가들이 경제 뉴스를 기본으로 살펴야 한다고 강조하는 것입니다. 물론 뉴스를 본다고 위기를 100% 예측할 수 있는 것은 아닙니다만, 경제는 주기가 있으므로 현재 어느 국면에 위치해 있는지는 파악할 수 있습니다.

적의 공격에 대비하자

게임에서 공격에만 집중을 하면 적의 공격에 한 번에 무너질 수 있습니다. 투자도 마찬가지로 너무 공격적으로만 하다 보면 IMF 외환 위기나 여러 금융 위기가 왔을 때처럼 큰 손실을 입게 됩니다. 투자라는 것은 원금이 보장되지 않는 자산증식 수단입니다. 주식으로 돈을 아무리 잘 벌었더라도, 한 번에 큰 손실을 입어서 순식간에 돈을 다 날리는 일들이 비일비재하게 일어나고 있습니다. 그래서 우리는 수익을 내는 것에만 집중을 하지 말고, 손실을 최소화할 수 있도록 포트폴리오를 구성해야 하고, 현금 비중을 어느 정도 지키는 것이 중요합니다.

지속적인 업그레이드로 강한 체력 만들기

게임에서 이기기 위해서는 유닛의 공격력과 방어력을 업그레이드해 나가면서 계속 강하게 만드는 것이 중요합니다. 재테크 역시 스스로 꾸준하게 공부해 나가면서 재테크 내공을 계속해서 쌓고, 큰 투자금액을 혼자 운용해 나갈 수 있도록 본인의 투자 그릇을 넓히는 것이 중요합니다. 주식 시장은 과거가 반복된다고 하지만, 항상 동일한 패턴으로 반복되지는 않습니다. 그래서 그런 흐름을 읽어낼 수 있는 능력을 키워 나가야 하며, 나만의 투자 전략을 통하여 자산을 지속적으로 증가시킬 수 있도록 시대에 발맞춰 나가야 합니다. 이런 예시들을 통하여 결국 도출해 낼 수 있는 재테크 공식은 아래와 같이 간단합니다.

● 스크루지의 재테크 공식

아마 절약하고 모으는 것에 의문을 품는 분은 없으실 겁니다. 여기에 제가 강조하고 싶은 것은 바로 월급(고정 수입) 외 소득을 얻는 것입니다. 재테크는 월급만 모아서 되는 것이 아니라 '노동

소득(월급), 급여 외 소득(사이드잡), 자본소득(투자)'라는 세 가지가 모두 균형 있게 갖추어져 있어야 조금 더 일찍 성공할 수 있습니다. 이 책에서는 위 세 가지 기반을 마련하기 위한 재테크 방법들을 다룰 예정입니다. 여러분은 이 책을 따라 하는 것만으로도 재테크 성공에 한 걸음 더 다가갈 수 있습니다.

❹ 단기·중기·장기 재테크 목표 세우기

다른 분야도 마찬가지겠지만, 재테크에서도 가장 우선되어야 하는 단계가 바로 계획을 세우는 것입니다. 많은 분들이 '돈을 한번 모아 봐야지' 결심한 후, 한동안 아껴 쓰다가 얼마 지나지 않아 원래대로 돌아갑니다. 제 주위에도 이런 분들이 수두룩합니다. 그들과 이야기해 보면서 느낀 가장 큰 문제점은 바로 계획이 없었다는 것입니다. 나중에 무엇을 위해 얼마가 필요하고, 그것을 대비해 얼마를 저축을 하고 소비를 해야 하는지에 대한 감이 전혀 없었습니다. 그래서 이번에는 재테크에 필요한 계획들을 설정하는 방법을 공유하려고 합니다.

"나중에 돈 많이 벌어서 월세 받고 살아야지" 혹은 "50세 이후에는 회사를 그만두고 여행 다니면서 살아야지" 등 이런 이야기를 친구들끼리 나눈 적이 한번쯤은 있을 것입니다. 큰 꿈을 가지는

것은 좋습니다. 하지만 그것을 이루기 위해 스스로 어떤 것들을
실천하고 있는지 점검해야 합니다. 실천 방안이 없는 막연한 꿈은
실현되기 힘들기 때문입니다. 다음은 제가 본격적으로 재테크를
시작했을 때 사용한 계획표입니다.

●스크루지의 단기·중기·장기 계획표

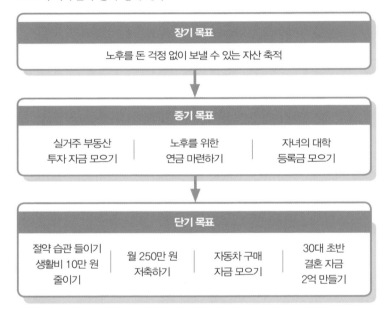

| 장기 목표 |
| 노후를 돈 걱정 없이 보낼 수 있는 자산 축적 |

| 중기 목표 | | |
| 실거주 부동산 투자 자금 모으기 | 노후를 위한 연금 마련하기 | 자녀의 대학 등록금 모으기 |

| 단기 목표 | | | |
| 절약 습관 들이기 생활비 10만 원 줄이기 | 월 250만 원 저축하기 | 자동차 구매 자금 모으기 | 30대 초반 결혼 자금 2억 만들기 |

위와 같이 장기 목표를 먼저 세우고, 그 장기 목표를 달성하기
위한 중기 목표 그리고 단기적으로 실천할 목표들을 정합니다. 정
리된 표는 가계부나 책상 앞 등 자주 보는 곳에 붙여놓으면 자신
의 목표를 실현하는 데 도움이 됩니다.

● 단기·중기·장기 계획 세우기

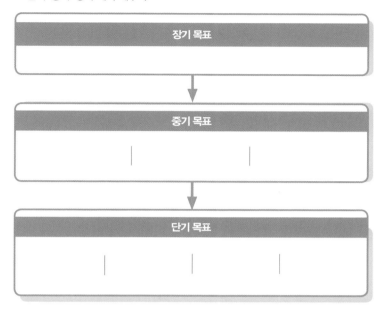

장기 목표

중기 목표

단기 목표

다음 부분으로 넘어가기 전에 여러분의 계획을 위의 표에 직접 채워 봅시다. 각자의 삶의 방식이 다양하기 때문에 목표도 달라질 것입니다. 또 계획을 세우더라도 여러 인생의 변수를 만나게 되면 처음 세웠던 목표가 의미가 없을 수도 있습니다. 하지만 길이 어느 정도 만들어져 있는 산길을 걷는 것과, 사람이 다닌 흔적이 없는 산길을 걷는 것은 천지 차이입니다. 이 과정을 거치고 나면 자신이 무엇을 위해, 또 어떻게 돈을 모아 나가야 하는지 어느 정도 감이 잡힐 것입니다.

5▶ 시간 관리 및 재테크 공부하기

계획을 수립했으면 이제는 '시간 관리'를 시작해야 합니다. 재테크 입문서에서 갑자기 왜 시간 관리에 대한 부분이 나오는지 의 아해 하는 분들이 있을 수 있습니다.

재테크를 잘 하려면 어떻게든 공부를 해야 하는데, 대부분은 본업이 있기 때문에 공부할 수 있는 시간을 따로 만들어 두지 않으면 꾸준히 실천하기가 매우 어려워집니다. 따라서 시간 관리는 재테크에서 가장 중요한 부분이라고 해도 과언이 아닙니다. 점심시간이 되면 배가 고픈 것처럼 재테크 공부도 습관을 들여야 나중에는 의식하지 않아도 그 시간이 되면 자동적으로 책상에 앉을 수 있습니다.

제 주변 사람들에게 사이드잡을 시작하거나 투자 공부를 해 보라고 말하면, 열에 아홉은 '시간이 없다'는 대답을 합니다. 물론 저마다의 사정이 있을 것입니다만, 정말 시간이 없는 것인지 스스로에게 질문해 봐야 합니다.

누구에게나 하루 24시간은 공평하게 주어지는데, 어떤 사람은 투자를 통하여 연봉의 몇 배에 달하는 수입을 올리고, 어떤 사람은 꾸준하게 책 쓰기에 열중하여 전자책 판매로 월 1,000만 원 이상의 수입을 얻기도 합니다.

24시간이라는 한정된 자원을 어떻게 쓰는지에 따라 삶은 많이 바뀔 수 있습니다. 저도 시간 관리에 대해서는 누구에게도 지지 않을 만큼 노력하고 있습니다. 회사를 다니면서 투자 공부, 블로그 운영, 재테크 웹툰 제작, 주말 사이드잡, 커뮤니티 운영 등 여러 가지 일을 하고 있습니다. 이렇게 많은 일을 하려면 낭비되는 시간을 최소화해야만 합니다. 그럼 이제 낭비되는 시간을 어떻게 체크하고 활용할 수 있는지 살펴보겠습니다.

가용 시간 계산하기

저의 사례를 가지고 가용 시간을 계산해 보겠습니다. 우선 근무 시간 8시간을 제외합니다.

24시간 – 8시간 = 16시간

우리는 잠을 안 자고 생활할 수가 없기 때문에 잠자는 시간을 빼야 하고, 세 끼의 식사 시간도 빼야 합니다. 저는 6시간을 자는 데 쓰고 있습니다.

16시간 – 6시간 = 10시간

그리고 끼니당 1시간씩 계산하여 차감해 보았습니다. 거기다 출근 전, 퇴근 후에 씻는 시간이 필요하기 때문에 1시간을 더 차감했습니다.

10시간 – 3시간 – 1시간 = 6시간

이제 저에게는 하루에 6시간이라는 가용 시간이 생겼습니다. 여기서 아마 출퇴근 시간은 왜 차감을 하지 않는지 궁금한 분들이 있을 것 같습니다. 저는 이 시간을 자기계발을 위한 시간으로 쓰고 있습니다.

또한 퇴근 후 대인 관계를 위해 모임을 갖는 시간이 필요한 분도 있을 것입니다. 저는 이런 간단한 만남은 점심, 저녁 시간을 활용하고 있습니다. 물론 개인의 사정에 따라 조절할 수 있는 부분이니 처음에는 너무 스트레스를 받지 않도록 적당히 설정해 두고 점차 타이트하게 관리해도 됩니다. 다만 점점 느슨해지지 않도록 주의하십시오.

저 또한 앞서 언급했듯 적절히 가용시간을 조절하고 있는데요, 현재 저의 평일 가용 시간은 7.5시간입니다. 앞에서 식사 시간을 끼니당 1시간씩 계산을 하였지만, 요즘은 식사 시간을 줄이고 뉴스를 읽거나 책을 읽는 데 활용하고 있어 조금 더 줄여둔 상태입니다.

● 가용 시간 계산하기

스크루지 하루 가용 시간 (평일)	
스케줄 항목	소요시간(h)
직장 업무	8
수면	6
출/퇴근 세면시간	1
아침식사	0.5
점심식사	0.5
저녁식사	0.5
남는 가용 시간	7.5

그렇다면 저는 가용 시간 7.5시간을 어떻게 쓰고 있을까요? 출퇴근 시간에는 지하철에서 투자 관련 서적을 읽습니다. 저도 처음에는 지하철에서 책을 읽을 때 집중이 잘 되지 않았습니다만, 저만의 방법(ASMR이나 빗소리를 들으면서 읽기)을 찾으니 수월하게 할 수 있었습니다. 오히려 지금은 집보다 지하철에서 책을 읽을 때 집중이 더 잘 될 정도입니다.

또 하루에 2시간 정도는 운동에 할애하고 있습니다. 의외라고 생각하셨나요? 돈이 아무리 많아도 건강을 잃으면 모든 것을 잃는다는 말이 있듯 건강 관리는 미리 시작하는 것이 좋습니다. 거기다 스트레스까지 풀리니 일석이조입니다.

이미 아는 분도 있겠지만, 현재 저는 〈재테크는 스크루지〉라는 블로그를 운영하고 있습니다. 하루에 1시간 정도는 블로그 업로드 및 댓글 관리를 하고, 또 이웃의 블로그도 방문해 제가 몰랐던 지식을 배우기도 합니다. 또 투자 커뮤니티를 운영하는 일에도 1시간 정도 사용하고 있습니다.

또 재테크를 한다면 경제 뉴스를 보는 일을 결코 게을리해서는 안 됩니다. 국내외의 소식을 알아야 투자를 잘 할 수 있습니다. 저도 처음에는 용어도 낯설고 아는 것보다 모르는 것이 많아 힘들었지만, 경제 서적으로 공부도 하고 여러 매체를 통해 다양한 이야기를 들으니 어느새 눈과 귀가 뜨이게 되었습니다. 제가 했으니 여러분도 하실 수 있습니다. 알아듣는 것이 많아질수록 경제 뉴스를 보는 재미도 늘어날 것입니다.

저는 따로 시간을 내어 뉴스를 보는 것보다는 자투리 시간을 활용하는 것이 좋다고 판단하여 화장실을 갈 때나, 식사 후 잠깐의 휴식 시간에 뉴스를 봅니다. 그렇게 하니 퇴근 후 따로 시간을 내야 하는 부담에서도 벗어날 수 있고, 공부라고 느껴지지 않아 부담 없이 꾸준히 할 수 있었습니다.

유튜브나 블로그 등으로 투자에 대한 공부를 하는 분들도 이렇게 자투리 시간을 활용하면 얼마든지 지속적으로 경제 공부를 하실 수 있습니다. 이처럼 가용 시간을 계산해 보면 시간이 부족하다는 말은 나를 변호하기 위한 핑계였음을 깨닫게 될 겁니다.

●스크루지의 평일 가용 시간 활용

가용 시간 활용법 (평일)		
스케줄 항목	언제?	소요시간(h)
독서	출/퇴근 지하철	1
운동	출근 전 / 퇴근 후	2
블로그 관리	퇴근 후	1
커뮤니티 관리	퇴근 후	1
경제 뉴스 읽기	틈틈이	1
투자 공부	틈틈이	1.5
총합		7.5

평일을 알차게 보냈으니 주말은 편하게 쉬어도 될까요? 물론 쉬는 것은 필요하지만 주말 역시 아무 생각 없이 노는 날로만 보내면 안 됩니다. 노후를 위해서 주말 중 하루는 공부를 보충하는

시간으로 활용할 것을 추천합니다.

저의 경우에는 토요일은 블로그 운영과 투자 공부에 할애합니다. 또 평일에 특별한 일이 있어 하지 못한 것들을 보충하는 시간으로도 활용하고 있습니다. 그리고 일요일은 가급적 가족과 시간을 보내려고 노력합니다. 너무 돈 버는 것에만 집중하다 보면 가족과 소중한 추억을 쌓기 어렵기 때문에 소위 '워라밸'을 맞추는 것에도 신경을 씁니다.

● 스크루지의 주말 가용 시간 활용

가용 시간 활용법 (주말)		
스케줄 항목	언제?	소요시간(h)
블로그 글 작성	토요일	4
투자 공부	토요일	2
평일에 못한 것	토요일	2
총합		8

이제 본인의 가용 시간이 얼마나 되는지 계산해 봅시다. 그런 다음 그 시간을 어떻게 사용할 것인지 계획을 세워 봅시다. 앞서도 말씀드렸듯이, 처음부터 빡빡하게 실천해야 한다는 것은 아닙니다. '하루에 1시간 재테크 공부하기'라고 정했다면 그것부터 꾸준히 지키는 것이 중요합니다.

6 ▶ 테크 트리로 보는 재테크 순서

재테크는 무엇보다 실천을 하는 것이 가장 중요하고, 또 그 실천을 꾸준히 지속하는 것이 중요하다고 말씀드렸습니다. 저도 재테크 초보 시절에 많은 입문서를 읽어 보았지만 실제로 어떤 것들을 차근차근 준비해 나가야 하는지를 책에서 알려주지 않아, 나중에 책을 쓰게 되면 게임 튜토리얼과 같이 단계별로 따라 할 수 있는 책을 써야겠다고 생각했습니다.

●테크 트리

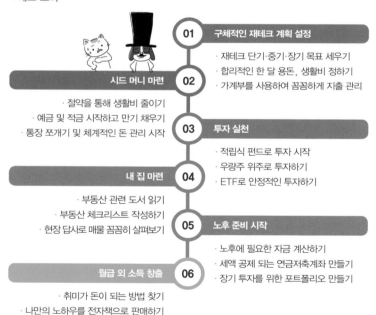

01 구체적인 재테크 계획 설정
· 재테크 단기·중기·장기 목표 세우기
· 합리적인 한 달 용돈, 생활비 정하기
· 가계부를 사용하여 꼼꼼하게 지출 관리

시드 머니 마련 02
· 절약을 통해 생활비 줄이기
· 예금 및 적금 시작하고 만기 채우기
· 통장 쪼개기 및 체계적인 돈 관리 시작

03 투자 실천
· 적립식 펀드로 투자 시작
· 우량주 위주로 투자하기
· ETF로 안정적인 투자하기

내 집 마련 04
· 부동산 관련 도서 읽기
· 부동산 체크리스트 작성하기
· 현장 답사로 매물 꼼꼼히 살펴보기

05 노후 준비 시작
· 노후에 필요한 자금 계산하기
· 세액 공제 되는 연금저축계좌 만들기
· 장기 투자를 위한 포트폴리오 만들기

월급 외 소득 창출 06
· 취미가 돈이 되는 방법 찾기
· 나만의 노하우를 전자책으로 판매하기
· 주말을 활용하여 사이드잡 하기

그래서 재테크 초보자들을 위한 '테크 트리(Tech Tree)'를 만들었습니다. 테크 트리가 모든 사람들에게 다 맞는 방법은 아니겠지만, 대부분의 초보자분들에게 가이드 역할을 해 줄 수 있을 것이라고 생각합니다.

1단계부터 6단계까지이며 위에서부터 순서대로 하나씩 수행하면 됩니다. 각 항목별 구체적인 실천 방안에 대해서는 〈PART 2〉에서 하나씩 설명해 드리겠습니다. 이미 계획을 세운 분이라면 이 부분은 가볍게 보고 지나가면 되겠습니다.

○ 스크루지의 핵심 정리

- 많은 사람들이 재테크에 실패하는 이유는 목표가 없기 때문입니다. 단기·중기·장기로 나누어 목표를 구체적으로 세우면 꾸준히 실천해 나갈 수 있는 힘이 생깁니다.

- 재테크를 잘 하기 위해서는 공부를 할 수 있는 고정시간이 필요합니다. 처음에는 시간을 내는 것이 힘들겠지만, 습관이 들면 이것만큼 재미있는 시간도 또 없습니다.

- 모든 재테크 방법을 한 번에 다 하려고 하면, 과식해서 체하는 것과 같은 부작용이 따릅니다. 자신의 단계에 맞에 차근차근 하다 보면 어느새 재테크 고수가 되어 있을 것입니다.

스크루지의 만다라트 계획표

계획을 세우는 데 도움이 되는 유용한 템플릿을 소개해 드리겠습니다. 일본 디자이너 '이마이즈미 히로아키'가 고안한 '만다라트(Mandal-Art) 계획표'입니다. 야구 선수 '오타니 쇼헤이'가 사용한 것으로도 유명합니다. 저도 2020년부터 연간 실천 계획표를 만들 때 이 템플릿을 사용하고 있습니다. 한 가지 최종 목표를 기입하고, 그것에 대한 8가지의 키워드를 정한 후, 키워드에 맞는 8가지 실천 계획을 정하는 방식입니다.

실제 2021년 스크루지의 만다라트 계획표								
연금 투자 수익률 10%	개별 종목 주 1회 분석	미국 투자 포트폴리오 완성하기	두 번째 전자책 발행	재테크 입문서 출간	세 번째 전자책 출시	1년에 책 50권 읽기	주간 계획표 실행하기	메모하는 습관 들이기
투자 세미나 2회 이상 참석하기	투자	저축 및 투자 비율 70% 달성하기	온라인 재테크 모임 운영	월급 외 소득	온라인 투자 강의	인문학 도서 읽기	자기계발	만다라트 잘 지키기
퀀트 투자 시작하기	투자 그릇 키우기	재무제표 분석 공부	네이버 블로그 운영	온라인 PT	오프라인 PT	주 1회 마스크팩	얼굴 점 빼기	치아교정
자동화 스터디	스터디 그룹 운영하기	업무시간에 집중하기	투자	월급 외 소득	자기 계발	처가, 본가 부모님께 자주 연락	연 1회 친척 모임 가지기	연 1회 조카 놀아주기
적을 만들지 않기	회사	인사 평가 S등급 받기	회사	The Better Life	가족	부모님 건강 챙기기	가족	저녁 식사 자주하기
이력서 업데이트	업무 효율화	새로운 기술 배우기	건강	좋지 않은 습관 줄이기	리프레시	비난하지 않기	칭찬 자주하기	취미생활 같이하기
영양제 챙겨 먹기	주 4회 운동	물 2L 마시기	탄산음료 먹지 않기	비속어 쓰지 않기	식사 속도 줄이기	주 1회 명상하기	월 1회 자유시간 가지기	월 1회 맛집 방문
다치지 않게 운동하기	건강	6시간 수면 지키기	패스트푸드 섭취 줄이기	좋지 않은 습관 줄이기	상대방 무시하지 않기	분기 1회 마사지 받기	리프레시	반기 1회 국내여행
야채 많이 먹기	자기 전 스트레칭	일자목 관리하기	화내지 않기	다리 꼬는 습관 고치기	싫을 때에도 표정 관리	연 1회 해외여행	쓸데없는 걱정 버리기	스트레스 관리하기

Step1 : 먼저 내년에 자신이 이루고자 하는 최종 목표를 정하십시오. 구체적인 목표가 아니라 가치관을 정해도 좋습니다. 저는 작년보다 더 나은 삶을 추구하기 위하여 "The Better Life" 라고 정했습니다.

Step2 : 그다음으로 최종 목표를 실현하기 위한 8가지 세부 목표를 적습니다. 그 8가지 목표들을 상하좌우로 반복해서 한 번 더 적습니다. 최종 목표를 달성하기 위해 어떤 것들을 신경써야 하는지 생각하다 보면 세부 목표가 떠오를 것입니다.

Step3 : 세부 목표 실천을 위한 구체적인 방법을 적습니다. 최대한 수치화시켜서 구체적으로 적는 것이 좋습니다.

만다라트 사용법에 대해서는 제 블로그에도 정리해 놓았으니 포스팅을 참고하셔도 좋겠습니다.

나만의 만다라트 계획표 만들기

이제 여러분만의 만다라트 계획표를 만들어 봅시다. 한 번에 모든 칸을 다 채울 필요도 없고, 무리한 계획을 세울 필요도 없습니다. 애초에 완벽한 계획이란 없으니까요. 우선 자신이 이루고 싶은 최종 목표를 정하는 것이 첫 번째 과제이므로, 자신의 마음을 들여다보고 점검하는 시간을 가진다고 생각하시면 좋겠습니다.

_____ 년 _____ 의 만다라트 계획표								

PART3

돈 관리와
돈 공부 시작하기

Cartoon

지금까지 재테크를 해야 하는 이유와 재테크를 성공하기 위한 전략을 살펴보았습니다. 이번 파트부터는 본격적인 재테크 실천 방안들을 공유하고자 합니다. 재테크 도서들을 읽으면서 읽는 동안에는 '맞아, 재테크 해야지'라고 생각하지만, 막상 읽고 나서는 무엇부터 어떻게 해야 할지 막막한 분들도 있을 겁니다.

실천으로 옮기지 않는 이론은 쓸모가 없기 때문에 지금부터 제가 실제로 실천하고 있는 노하우를 공개할 예정이니 차근차근 따라해 보시기 바랍니다.

1️⃣ 한 달 용돈 관리하기

다들 어렸을 때 부모님께 용돈을 받은 경험이 있을 겁니다. 저도 부모님이 주시는 정기적인 용돈과 가끔 친척 어른들이 주시는 용돈을 모아 필요한 물품을 산 기억이 납니다.

어릴 때부터 체계적이고 합리적으로 용돈을 관리한 분도 있겠지만, 저는 어릴 때 한 달에 얼마를 써야 합리적인지 생각도 하지 않고 그저 즐겁게 용돈을 썼습니다. 하지만 직장인이 되어 재테크를 시작하면서 용돈을 체계적으로 관리하는 게 얼마나 중요한지 알게 되었습니다. 특히 수입보다 지출이 많아지는 상황은 반드시 막아야 합니다.

직장인 중에 자신이 한 달에 얼마를 지출하고 있는지 정확히 알고 있는 사람은 드뭅니다. 여러 이유가 있겠지만, 대부분은 신용 카드로 결제하여 정확히 자신의 누적지출 금액을 모르는 데 원인이 있습니다. 이런 상황을 개선하는 방법은 월 지출계획을 세워서 계획에 맞는 소비를 하면 됩니다. '남들이 이만큼 쓰니까 나도 이만큼 써야지' 하는 계획은 비합리적입니다. 개개인의 생활 패턴이 다르듯 소비 패턴도 다를 수 밖에 없습니다.

용돈의 쓰임새 정하기

우선 용돈의 쓰임새부터 정해야 합니다. 제가 한 달 용돈 예산을 어떻게 정하는지 보여드릴게요.

● 스크루지의 한 달 용돈 예산

대분류	중분류	금액(원)	횟수	총합(원)
식비	점심	6,000	20	120,000
	저녁	5,000	5	25,000
	음료	4,000	2	8,000
	기타	50,000	1	50,000
교통비	지하철 정기권	55,000	1	55,000
	버스	1,200	2	2,400
쇼핑	화장품/옷/기타	100,000	1	100,000
친목	각종 모임	20,000	2	40,000
합계				400,400

크게 식비·대중교통비·쇼핑·친목으로 대분류를 하고, 중분류

로 카테고리를 나누었습니다. 본인의 소비 패턴에 맞게 분류를 하면 됩니다. 저는 평일 점심은 회사에서 사 먹고, 가끔 야근이 있는 날에는 회사 근처에서 저녁을 사 먹는 편입니다. 커피를 즐기지 않아 가끔 음료를 마십니다. 또 개인적인 약속을 최소화하여 불필요한 지출을 줄이고 있고, '지하철 정기권'을 이용해 교통비를 최대한 절약하고 있습니다. 지하철 정기권 이용법은 뒤에서 더 상세히 설명하겠습니다. 용돈의 쓰임새를 정하는 이 작업은 연초마다 반복하면 됩니다. 물가가 오르거나 생활 패턴이 바뀌면 예산도 그에 맞춰 변경되어야 하기 때문입니다.

용돈은 체크 카드로 쓰기

본인의 지출패턴에 맞게 항목을 적었으면, 각 항목에 해당하는 금액과 횟수를 적고 총합을 계산해 봅시다. 그 총합이 바로 여러분의 한 달 용돈이 되는 것입니다. 제 경우에는 40만 원이 되겠네요. 저는 용돈을 체크 카드가 연결된 계좌로 입금하여 해당 예산 내에서만 지출을 하고 있습니다. 제 예산표를 보고 빠듯하다고 생각하는 분도 있을 겁니다. 그러나 매끼 만 원 이상의 지출을 하면서, 습관처럼 커피를 마시면서 어떻게 노후를 대비할 수 있을까요? 절약이 뒷받침되지 않는 재테크는 있을 수 없다고 생각합니다. 물론 외모에 관심이 많은 분은 화장품이나 옷 등 외모 관리에 들어가는 비용도 책정해야 할 것입니다.

제 경우에는 10만 원을 쇼핑 비용으로 잡았습니다만, 부족하다면 조금 예산을 늘려 잡으면 됩니다. 그리고 사고 싶은 물건이 생기면 2주 정도 장바구니에 넣어 놓고 고민하는 시간을 가지는 것도 충동구매를 막는 데 도움이 됩니다.

모으는 기쁨을 배우자

쇼핑을 할 때도 그렇지만, 충동적으로 모임을 갖는 분들도 많습니다. 재테크를 하기로 결심했다면 모임을 갖는 것은 한 달에 2~3회 정도로 제한을 두는 것이 좋습니다. 사회생활을 위해 모임이 필요하다고요? 정말 중요한 모임인지 아닌지는 본인이 가장 잘 알 것입니다.

재테크를 시작했다면 돈을 쓰는 것보다는 모으는 데 재미를 들이는 것이 좋습니다. 더 넓은 시야를 갖기 위해 독서를 하고, 불필요한 소비를 줄이면서 종잣돈을 모아 나가고, 그것으로 투자하여 자산을 불려 나가는 행위가 즐겁다면 부자로 가는 준비가 된 것이라고 생각합니다. 실제로 재테크를 시작한다면 소비를 줄이는 것이 가장 쉬운 재테크 실천방법이라는 것을 깨닫게 되실 겁니다. 그리고 자산이 매년 늘어나는 것을 눈으로 확인하는 순간 지출을 더 줄이면서 저축과 투자를 늘려야겠다는 결심도 하게 되지요.

어떤 사람들은 소비를 하면서 스트레스를 푼다고 하지만 과연 그럴까요? 잘 생각해 봅시다. 할부로 큰 금액의 물품을 충동적으로 샀을 때 정말 기뻤나요? 분명 카드 대금 명세서를 받는 날이 되면 스트레스를 더 받았을 겁니다.

세계적인 갑부이자 투자의 대가인 워런 버핏도 여전히 낡은 중고차를 타고 다니고 12달러짜리 이발소에서 머리를 자른다고 합니다. 워런 버핏이 그 자리까지 올라가게 된 것은 절약이라는 탄탄한 기본기가 있었기 때문이라고 생각합니다.

2 가계부 쉽게 쓰는 방법

대부분의 재테크 고수들은 돈을 벌고 싶으면 가계부를 쓰라고 합니다. 맞는 말입니다. 하지만 좋은 것은 알지만 가계부를 쓰지 않았던 사람들에게는 쉽지 않은 일입니다. 오늘 지출한 내역을 퇴근하고 와서 일일이 기록한다는 것이 말은 쉽지만 사실 꽤 귀찮은 일이기 때문입니다.

저는 어릴 때부터 용돈 기입장을 수기로 기록했음에도 직장인이 되고 나서 그날의 지출을 꾸준히 기록해 나가는 것이 쉽지만은 않았습니다. 그래서 크게 노력을 들이지 않으면서도 나의 자산을 꼼꼼하게 기록할 수 있는 방안이 무엇이 있을까 고민하고 찾기 시작했습니다. 그렇게 해서 지금은 가계부를 효율적으로 기록할 수 있는 몇 가지 방안을 마련했습니다.

효율적인 가계부 작성을 위한 기준

1. 가계부 작성에 많은 시간을 들이지 않아야 한다.

2. 자동으로 일일 지출 내역을 관리해 준다.

3. 자산을 한눈에 쉽게 확인할 수 있어야 한다.

4. 월간 지출 내역을 비교할 수 있어야 한다.

종이 가계부를 사용하는 것은 직접 기록해야 하고 숫자를 계산하는 번거로움이 있습니다. 또 전체적인 자산 통계 및 관리가 어렵습니다. 제가 추천하는 방식은 엑셀로 가계부를 만드는 것입니다. 물론 전체적인 자산을 한눈에 볼 수 있다는 장점은 있으나, 엑셀 가계부 역시 오늘 지출한 내역을 건건이 기록해야 하는 번거로움이 있습니다.

이에 대한 대안으로는 가계부 앱을 이용하는 것입니다. 요즘은 대부분 카드로 결제를 하기 때문에 카드사에서 보내주는 승인 문자를 자동으로 인식하도록 설정해 놓으면 가계부에 반영이 됩니다. 또 은행과 연계해 놓으면 문자가 오지 않아도 자동으로 지출 내역을 반영해 줍니다. 정리하면 다음과 같습니다.

1. 엑셀에는 월별 대분류 지출 항목과 전체적인 자산만 기록하자

2. 용돈 예산 중 하루 동안에 쓴 금액은 가계부 앱으로 관리하자

그리고 처음부터 너무 멋지게 가계부를 꾸미려고 하지 마세요. 시작도 하기 전에 지치고 맙니다. 아래의 예시와 같이 간단하게 시작하고, 생활 패턴에 맞게 하나씩 더하고 빼면서 자신만의 템플릿을 만들어 가면 됩니다.

● 간단 가계부 화면

가계부 간단 Ver.				1월	2월
수입	월급			2,500,000	· · ·
	월급 외 소득			500,000	· · ·
	합계			3,000,000	· · ·
지출	고정지출	저축 및 투자	적금	1,000,000	· · ·
			주식	500,000	· · ·
			연금	300,000	· · ·
		보험		100,000	· · ·
		용돈		400,000	· · ·
	변동지출	생활비		300,000	· · ·
		관리비		150,000	· · ·
		TV/인터넷/휴대폰		100,000	· · ·
		자동차 유지비		100,000	· · ·
		의료비		50,000	· · ·
	합계			3,000,000	· · ·

이처럼 엑셀 가계부에서는 각 항목별로 예산만 기입해 놓고 실제로 자신이 계획해 놓은 한 달 용돈에 대한 지출 내역은 아래와 같이 자동으로 관리해 주는 가계부 앱을 활용하면 됩니다.

20년 11월 16일 월요일		-4,000원
일구팔이유부초밥		-4,000원
일식 KB Wise통장-저축예금		
20년 11월 14일 토요일		-8,300원
도시락		-3,000원
인터넷쇼핑 KB Wise통장-저축예금		
와플대학행당캠퍼스		-5,300원
신발 KB Wise통장-저축예금		
20년 11월 13일 금요일		-68,000원
꽈배기KING직영점		-6,000원
커피/음료 KB Wise통장-저축예금		
김밥마루		-7,000원
한식 KB Wise통장-저축예금		
지하철정기권 충전		-55,000원
정기권 현금		

내역	달력	예산	카드별

| 20년 11월 12일 목요일 | | -19,500원 |

| 홈 | 추천 | 새소식 | MY |

*가계부 앱 사용 화면

위 이미지는 제가 사용하는 가계부 앱의 2020년 11월 지출 내역의 일부입니다. 카드를 사용하기 때문에 자동으로 지출 내역이 관리되면서 지출 합계도 매일 확인할 수 있어 직접 적거나 계산해야 하는 수고를 덜 수 있습니다. 그리고 무엇보다 정확하게 계산되기 때문에 편리합니다. 지출 합계에서 오류가 나서 다시 처음부터 계산해 본 분들은 이게 얼마나 시간을 아낄 수 있는 일인지 알 겁니다.

엑셀 가계부 활용하기

이렇게 엑셀 가계부와 앱을 함께 사용하여 돈을 관리하는 게 습관이 되면 자신의 수입과 지출 내역을 확실히 파악할 수 있게 됩니다. 또 지출을 더 줄일 수 있는 항목이 무엇인지 파악할 수도 있습니다. 나아가 엑셀 데이터를 활용해 여러 가지 표를 만들어 나만의 자료로 활용할 수도 있습니다. 예를 들면 연도별 수입, 저축 및 투자 비율을 정리해 아래와 같이 시각적인 그래프를 만들어서 볼 수도 있겠습니다. 이렇게 하면 장기적인 자산 관리 계획을 짜는 데 도움이 됩니다.

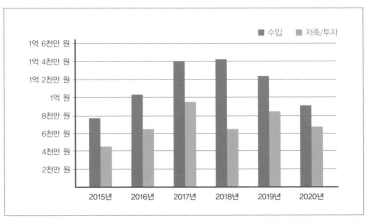

*2020년 9월 기준 수입 및 저축 비중 그래프

그래프로 자신의 저축 비중을 확인하면 소득 대비 저축 및 투자 비중을 늘릴 수 있습니다. 저 역시 이 방법을 통해 투자로 발생된 소득을 제외하고도 매년 6~8,000만 원 정도의 현금 자산이 늘어나고 있는 것을 확인했습니다.

또 월급 외 소득을 그래프로 만들어 보는 것도 재테크에 재미를 줄 수 있습니다. 월급만으로 살아가기는 힘든 시대라 소위 'N잡'을 하시는 분들이 많을 것입니다. 저도 2011년부터 월급 외 소득을 창출하기 시작하여 현재는 저희 부부가 받는 급여 외에 추가적인 파이프라인을 7가지로 확장했습니다. 그래프를 보면 연간 수입에서 월급 외 소득이 차지하는 비중이 18% 정도가 되는데, 앞으로는 이 비중이 매년 높아질 수 있도록 주말에 더 부지런히 노력을 할 생각입니다.

●스크루지의 수입 파이프라인(2020년 9월 기준)

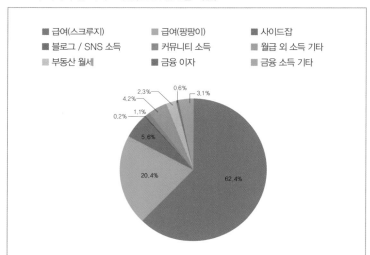

❸ 교통비 절약하는 방법

직장인이라면 출퇴근 시 교통비를 무조건 지출하게 됩니다. 저역시 주 5일 대중교통을 이용하는 평범한 직장인입니다. 물론 회사까지 걸어서 다니는 분도 있겠지만 많지 않을 거라고 생각하여예외로 두겠습니다. 이번에는 제가 실제로 10년 넘게 실천하고 있는 교통비 절약에 관한 팁을 공유하고자 합니다. 주변에 보면 알고는 있지만 실제로 쓰지 않는 분도 많은데요. 바로 '지하철 정기권'입니다.

지하철 정기권의 이점 1 _ 비용 절약

지하철 정기권은 30일 동안 지하철을 60회 이용할 수 있는 카드입니다. 약 40회만 이용해도 본전인데, 20회를 추가로 더 이용할 수 있으니 이득입니다. 또 일반적으로 교통비는 '기본 요금'에 '구간별 추가 요금'이 붙는 방식입니다. 정기권을 사용하면 어디를 가든 처음 1회만 요금이 차감됩니다(충전한 요금 타입별로 다를수 있음).

● 지하철 정기권 카드 이용 시 요금 비교

	일반 교통 카드		지하철 정기권 카드 (서울전용구간 충전 시)	
	40회 이용	60회 이용	40회 이용	60회 이용
1,250 원 (기본)	50,000 원	75,000 원	55,000 원	
1,450 원 (할증)	58,000 원	87,000 원		

위의 표에서 살펴본 바와 같이, 일반 교통 카드는 1회당 기본 요금이 1,250원인데, 추가 할증이 없다고 가정하였을 때 40회 이용 시 50,000원이 지출되고, 60회 이용 시 75,000원을 지출하게 됩니다. 거기다 200원 할증이 붙는다고 가정하면 40회만 이용해도 58,000원을 지출하게 됩니다. 하지만 정기권을 이용하면 서울 어디를 가도, 몇 번을 가도 60회 한도 내에서는 55,000원밖에 지출되지 않습니다. 특히 장거리를 가게 되는 경우에도 할증 없이 1회만 차감되어 교통비를 절약할 수 있습니다. 물론 충전한 요금 구간을 넘어서 개찰구를 지나가게 되면 1회가 추가로 차감되지만, 보통은 본인이 충전한 구간 내에서만 이용하는 경우가 90% 이상이라 크게 고려하지 않아도 될 부분입니다.

지하철 정기권의 이점 2 _ 소득 공제

교통 카드를 이용하면 연말에 소득 공제에 자동으로 반영이 되는데, 지하철 정기권은 혜택을 못 받는 게 아닌지 걱정하는 분들이 있습니다. 하지만 걱정하지 않아도 됩니다. 정기권도 소득 공제를 받을 수 있습니다.

정기권 카드 뒤에 보면 일련번호 16자리가 있는데 이를 홈텍스 (현금 영수증 사용내역조회 〉 현금 영수증 발급 수단 등록·정정 메뉴)에 등록해 놓으면 자동으로 연말 정산에 반영되어 소득 공제를 받을 수 있습니다.

○ 카드번호 입력								
현금영수증전용카드	1544	2020	•••• ⊙	•••• ⊙		카드명	삭제하기	수정하기
	1010	•••• ⊙	•••• ⊙		카드명	지하철정기권	삭제하기	수정하기
	1010	•••• ⊙	•••• ⊙		카드명	지하철정기권	삭제하기	수정하기
직접입력(최대5장)		⊙	⊙		카드명		등록하기	취소하기
		⊙	⊙		카드명		등록하기	취소하기
		⊙	⊙		카드명		등록하기	취소하기
자동등록(현금사용 건)	2187-••••-••••				카드명		삭제하기	수정하기

위와 같은 방법으로 카드를 등록하고 충전하면, 며칠 뒤에 현금 사용 내역도 조회할 수 있습니다.

지하철 정기권 구매 및 사용법

지하철 정기권 카드는 지하철 역무원 창구에서 구매할 수 있습니다. 구매를 했다면 교통 카드 충전 기기에서 충전 후 이용하면 됩니다. 본인이 자주 이용하는 구간별로 요금이 조금씩 다르기 때문에 원하는 구간을 선택해 충전하면 됩니다. 개찰구에 정기권 카드를 찍으면 만기일과 남은 횟수가 표시됩니다. 지하철 정기권 카드를 이용할 때 한 가지 팁을 알려드리자면, 정기권은 30일이라는 한정된 기간 안에 사용해야 하기 때문에 장기간 휴가를 가거나 긴 명절 등의 연휴가 있을 때에는 해당 기간을 고려하여 충전 시기를 결정하면 조금 더 효율적으로 사용할 수 있습니다. 한 가지 아쉬운 점은 버스에는 사용할 수 없다는 것입니다. 따라서 버스를 주로 이용한다면 광역교통카드, 교통비 할인이 되는 카드 등 자신에게 더 적합한 방법을 찾으면 됩니다.

4 생활비 절약하는 방법

마트에 가서 무심코 장바구니에 물건을 담고 계산대에서 총 결제 금액이 예상보다 너무 많이 나와서 깜짝 놀라는 경우가 한두 번이 아닐 겁니다. 생필품, 과일, 야채, 고기 등 필요한 것만 담은 것 같은데 말이죠.

저희 부부도 결혼 초기에 이런 경우가 잦았습니다. 그래서 어떻게 해야 조금 더 절약하며 장을 볼 수 있을지 같이 고민을 했습니다. 고민 끝에 몇 가지 장보기 규칙을 정했고 지금까지 잘 지키고 있습니다. 이 방법을 적용하니 예산 안에서 장을 볼 수 있게 되었습니다.

일주일 동안 구매할 물품 기록하기

일주일에 한 번만 마트를 가기 위해서는, 구매해야 될 상품리스트를 미리 적어놓는 것이 좋습니다. 우리 부부의 경우 냉장고에 포스트잇을 붙여놓고 일주일 동안 적어 나갑니다. 하지만 리스트에 적힌 물품을 모두 구매하는 것이 아니라, 꼭 필요한지 사기 전에 같이 한 번 더 고민해서 당장 필요한 물품만 골라서 구매합니다. 이렇게 한 번 더 필터링하는 작업을 통해 실제로 장보기 금액이 30% 정도 절약할 수 있었습니다.

마트는 주 1회만 이용하자

저희는 금요일 저녁이나 토요일에 집 근처 마트에 장을 보러 갑니다. 일주일에 한 번만 장을 보는 것이 왜 생활비를 절약하는데 도움이 되는지 궁금해하는 분들이 있습니다. 마트를 자주 가면 필요하지 않은 상품도 충동적으로 구매할 확률이 높아집니다. 특히 할인하는 품목의 경우는 지금 사지 않으면 손해 보는 느낌이 들기 때문에 더욱 그렇습니다.

또 마트를 가는 시간도 중요합니다. 만약 고기, 야채, 생선 등 신선도가 높은 식품을 사야 한다면 오전에 가는 것을, 신선도와 상관없는 물품들을 조금 더 저렴하게 사고 싶으면 저녁 할인 판매 시간에 가서 할인가에 구매하는 것을 추천합니다.

반드시 식사를 하고 가자

'시장이 반찬'이라는 말이 있습니다. 배가 고프면 무엇이든 다 맛있습니다. 배가 고픈 상태에서 마트를 가게 되면 시식 코너의 유혹을 뿌리치기가 힘듭니다. 시식하게 되면 맛있어서 애초에 구매할 생각이 없던 품목도 장바구니에 담게 됩니다. 심지어 평소에 선호하지 않는 음식까지 충동적으로 구매하게 되는 경우도 생깁니다. 시식 코너에서 공짜로 먹은 음식보다 더 많이 지출할 수 있으니 가급적이면 식사를 마치고 가서 계획한 품목만 구매할 수 있도록 합시다.

싸다고 무조건 대량으로 구매하지 말자

보통 마트에서는 상품을 묶음으로 판매하는 경우가 많습니다. 또 단품보다는 묶음 상품에 할인을 많이 적용하는 경우가 대부분입니다. 할인율만 보았을 때는 무조건 묶음으로 사는 것이 훨씬 저렴합니다. 하지만 저희는 2인 가족이고 집에서 직접 요리를 해서 밥을 먹는 횟수도 적기 때문에 대량으로 구매하면 오히려 유통기한이 지나서 버려야 하는 경우도 생깁니다. 이렇게 되면 생활비를 줄이기는커녕 낭비하게 됩니다. 물론 집집마다 사정이 다르니, 대량 구매 시에는 유통 기한을 확인하여 그 기간 안에 다 사용을 할 수 있는지 고민한 후 구매하기 바랍니다.

장바구니에 담으면서 계산하자

저희 부부는 마트에서 한 번 장을 볼 때 예산을 5만 원 정도로 잡습니다. 일주일 동안 구매 리스트를 미리 작성해서 장을 보러 가더라도 물건의 가격이 고정된 것이 아니기 때문에 생각 없이 장바구니에 담다 보면 예산을 초과하는 경우가 발생합니다. 저희는 이를 방지하기 위해 물건을 장바구니에 담는 동시에 스마트폰의 계산기를 사용하여 실시간으로 총액을 확인합니다. 이렇게만 해도 마트에서 장을 볼 때 생활비를 불필요하게 많이 쓰는 일을 막을 수 있습니다.

장바구니를 꼭 챙기자

마트에 갈 때는 장바구니를 가져가는 것이 좋습니다. 장바구니나 종량제 봉투를 따로 챙겨가지 않으면 물건을 담기 위해 불필요한 비닐 봉투를 구매하게 되는 상황이 생깁니다. 한 달에 마트를 4번 간다고 치면 1달이면 4개, 1년이면 50개의 불필요한 지출을 하게 되는 것입니다. 봉투를 모아오면 환급을 해 주는 마트도 있다고 말씀하시는 분도 있겠지만, 소액도 낭비하지 않으려는 태도가 중요하다는 데 초점을 둡시다.

지름신을 다스리자

많은 직장인이 매달 들어오는 꾸준한 수입(월급)을 믿고 비싼 물건들을 사는 경우가 많습니다. 처음에는 체크 카드를 사용하다가, 점차 씀씀이가 커지면서 신용 카드를 발급받아 할부로 결제를 하기도 합니다. 물건을 사면 스트레스가 풀린다는 사람도 있는데 정말 그럴까요? 잘 생각해 보면, 결제하는 순간만 짜릿할 뿐이지 막상 결제 대금 청구서를 받으면 오히려 더 스트레스를 받게 될 겁니다.

저희 부부는 연 소득이 세후 1억이 조금 넘습니다. 그럼에도 갖고 싶은 물건, 먹고 싶은 것을 다 구매하지는 않습니다. 에어컨 전기세를 생각해 너무 더운 날씨가 아니면 가급적 선풍기를 사용하고, 갖고 싶은 것이 있어도 바로 사지 않고, 고민 후 인터넷에서 최저가로 주문을 합니다. 또 가까운 편의점보다는 조금 걸어가더라도 저렴하게 살 수 있는 할인 마트를 이용합니다. 절제하는 삶이 중요하다는 것을 알기 때문입니다.

소위 '3대 가전' 이라고 불리는 식기 세척기, 로봇 청소기, 건조기도 저희 집에는 없습니다. 물론 있으면 편하겠지만, 제가 조금 더 부지런하게 움직이면 굳이 없어도 된다고 생각했기 때문입니다. 후기를 보니 식기 세척기와 로봇 청소기는 실제로 사람이 하는 것만큼의 성능이 나오지 않기 때문에, 어차피 사람의 일이 완전히 덜어지는 것은 아니라고 합니다. 그럴 바에야 조금 더 움직이는 게 낫다고 생각한 것이지요.

또 저는 외모를 가꾸는 데에는 지나치게 절약을 하지 않는 편입니다. 회사를 다니면서 사람을 만날 일이 많기 때문에 첫인상을 위해 관리도 하고 주기적으로 쇼핑도 합니다. 그럼에도 제가 사고 싶은 아이템들을 모두 구매할 수는 없습니다. 한 달 용돈 예산 안에서 쓰기로 스스로와 약속했기 때문입니다.

온라인 쇼핑을 할 때도 마음에 드는 물건을 바로 구매하지 않고, 메모장에 따로 URL을 정리해 둡니다. 일주일 뒤에 그것을 열어보고 정말 이 제품이 필요한지, 여전히 마음에 드는지 점검한 후 구매합니다. 충동적으로 구매하면 나에게 어울리지도 않는 것을 사서 사용하지도 않는 일이 생기기 때문입니다.

5 통장 쪼개기

대부분의 직장인들이라면 '통장 쪼개기'라는 용어를 들어본 적이 있을 것입니다. 들어서 알고는 있지만 의외로 이것을 실천하는 사람들은 많이 없습니다. 통장을 여러 개로 나누어서 관리하는 것이 귀찮은 일이라고 생각하거나, 굳이 그렇게 해서 돈이 더 모일까 라고 의심을 하기 때문입니다. 저는 통장 쪼개기를 10년 넘게 실천하고 있는데, 확실히 돈 관리가 편해졌습니다.

●통장 쪼개기의 기본 구조

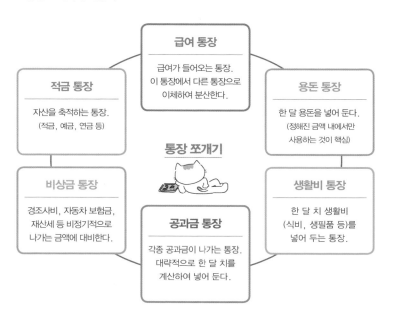

급여 통장
급여가 들어오는 통장.
이 통장에서 다른 통장으로
이체하여 분산한다.

적금 통장
자산을 축적하는 통장.
(적금, 예금, 연금 등)

용돈 통장
한 달 용돈을 넣어 둔다.
(정해진 금액 내에서만
사용하는 것이 핵심)

통장 쪼개기

비상금 통장
경조사비, 자동차 보험금,
재산세 등 비정기적으로
나가는 금액에 대비한다.

공과금 통장
각종 공과금이 나가는 통장.
대략적으로 한 달 치를
계산하여 넣어 둔다.

생활비 통장
한 달 치 생활비
(식비, 생필품 등)를
넣어 두는 통장.

처음에 통장의 쓰임새를 잘 설정해 놓으면 그 후에는 자동으로 관리되기 때문에 별 다른 노력이 들지 않습니다. 통장 쪼개기는 각각의 목적에 맞는 통장으로 나누어 체계적으로 돈을 관리하는 시스템이므로 몇 개의 통장으로 나눌 것인지는 자신의 소비 패턴에 따라 정하면 됩니다.

통장을 하나로 쓰게 되면 처음에는 돈이 많은 것처럼 보여서 생각 없이 쓰게 됩니다. 그러다가 공과금, 보험금, 통신비 등이 하나둘씩 빠져 나가면 잔고가 부족한 상황이 발생할 수도 있습니다. 아마 경험이 있는 분도 있을 겁니다. 하지만 통장을 쪼개놓으면 '선저축, 후지출'을 하게 되어 저축하는 비율이 높아질 수밖에 없습니다.

쓸 것을 다 쓰고 저축을 하는 것은 불가능에 가깝습니다. 적금을 넣기로 정한 금액이 급여 통장에서 바로 빠져 나가게 하고, 나머지를 가지고 용돈, 생활비, 공과금 등으로 분리하여 사용하면 됩니다.

저 또한 통장 쪼개기를 실천한 후로는 소득 대비 저축율(투자율)이 높아졌고, 지금은 연 수입의 70% 이상을 저축 및 투자에 쓸 수 있게 되었습니다. 어떻게 이것이 가능한지 궁금해하는 분들을 위해 실제 제가 통장을 어떻게 분리해서 쓰고 있는지 공유하고자 합니다.

급여 통장

월급 및 기타 소득이 들어오는 급여 통장이 있습니다. 이 통장은 다른 통장으로 돈을 이체하는 역할을 합니다. 즉 이 통장에는 돈이 남아 있는 경우가 없습니다. 이를 테면 관제 센터 같은 역할을 하는 것이지요.

이 통장에는 저와 아내의 수입이 모두 들어옵니다. 돈을 따로 관리하는 부부도 있지만 그렇게 되면 누가 돈을 어떻게 쓰고 있는지, 현재 우리 가정의 자산은 얼마인지를 계산하기가 어렵습니다. 또 각자 관리를 하다 보면 아무래도 악착같이 모으려 하지 않게 되고 상대방이 더 모을 거라는 안일한 생각도 하게 됩니다. 부부가 함께 모으면 자산이 불어나는 속도도 빠르고 일종의 공동체 의식도 생기니 한번 고려해 보면 좋겠습니다.

용돈 통장

앞서 말씀드렸다시피 저희 부부는 수입을 한 통장에 모읍니다. 하지만 용돈 계좌는 각각 따로 사용합니다. 용돈은 가정의 생활비가 아닌 개인적으로 사용하는 돈이기 때문입니다. 평일 식사비나 교통비, 핸드폰 요금, 쇼핑 비용 등이 여기에 속합니다. 용돈을 각자 쓰게 되면 스트레스도 덜 받고, 어차피 한도가 있으니 나름대로 규모 있는 소비를 계획할 수 있어 좋습니다.

생활비 통장

생활비는 부부가 공동으로 사용하는 물품을 지출할 때 씁니다. 주 1회 장을 볼 때나 가끔 데이트를 하고 외식을 할 때 사용합니다. 물론 배달 음식이나 외식은 최대한 자제합니다.

특이한 점이 있다면 생활비 통장에는 2주 단위로 돈을 넣는다는 것입니다. 그 이유는 생활비를 2주 만에 한 달 치를 다 써버린 적이 있어서 다시는 그런 사태가 일어나지 않도록 저희 나름의 방법을 찾았습니다.

공과금 통장

이 통장에는 수도, 전기, 가스, 정수기, 인터넷, TV 등 각종 공과금이 자동으로 빠져 나가도록 했습니다. 한 달에 어느 정도 예산이 필요한지 잘 계산을 해서 그 금액만큼 넣어두면 됩니다.

여름에는 에어컨 사용으로 전기료가 다른 달보다 더 많이 나오고, 겨울에는 보일러 사용으로 가스비가 많이 나오니 그 부분을 감안해 넣어 두면 됩니다. 저희는 월마다 필요한 금액을 계산해서 입금한 뒤, 조금씩 남겨서 조금 더 많이 나오는 달에 부족하지 않도록 조절하고 있습니다.

여행 통장

저희 부부는 여행 통장을 별도로 만들어 두었습니다. 국내든 해외든 여행을 가게 되면 생각보다 큰 금액을 지출하게 되는데, 여행 경비를 갑자기 마련하려면 그 달에 적금이나 투자에 들어가야 하는 금액을 줄여야 하는 상황이 생깁니다. 그러면 월간 현금 흐름을 깨트리기 때문에 저희는 미리 조금씩 모아서 여행 경비를 마련하고 있습니다.

최근에는 코로나19로 여행을 가지 못하게 되어 여행 통장에 돈이 제법 쌓였습니다. 그래서 이 돈은 자기계발이나 문화생활을 즐기는 용도로 변경하여 일부 사용하고 있습니다.

인테리어 비용 통장

최근 코로나 19로 집에 있는 시간이 많아지면서 인테리어에 관심을 갖게 된 분들이 많아진 것으로 알고 있습니다. 집을 꾸미는 일은 거주 만족도를 높여줍니다. 또 잘 꾸며진 집은 가치가 높아져 나중에 집을 매도할 때, 다른 집들보다 더 비싼 가격으로 팔 수 있게 됩니다. 그러나 인테리어를 할 때 큰 금액이 들어가는 경우가 많아 미리미리 돈을 모으지 않으면 부담이 됩니다. 저희는 인테리어나 집을 보수하게 될 때를 대비하여 통장을 쪼개 놓았습니다.

저축 및 투자 통장

앞서 말했듯, 통장 쪼개기는 '선저축, 후지출'을 실천할 수 있게 도와주는 좋은 방법입니다. 선저축을 위해서는 급여 통장에서 가장 먼저 '저축 및 투자 통장'으로 돈이 빠져 나가도록 하는 것이 좋습니다.

저는 적금 및 주식 그리고 연금저축계좌를 활용하여 단기·중기·장기 계획에 맞춰 자금을 모아가고 있습니다. 금리가 낮을 때도 은행에 적금을 하는 이유는 단기 자금의 경우는 유동성이 좋아야 하기 때문입니다. 이 부분에 대해서는 뒤에서 더 자세히 설명하겠습니다.

비상금 통장

비상금 통장은 경조사비나 자동차 보험, 재산세 등 비정기적으로 나가는 지출에 대비하는 용도로 씁니다. 이런 항목들은 매달 정기적으로 나가지는 않으나 한 번 나갈 때 큰 금액이 빠져 나갑니다. 따라서 CMA 통장과 같이 매일 이자가 붙는 데 넣어 놓으면 원금을 지키면서 조금이라도 이자를 얻을 수 있어 효율적입니다. 저는 매년 1월에 일 년 치 비상금을 한 번에 이체하는 방식을 쓰고 있습니다. 매달 조금씩 이체하는 방식도 좋습니다.

통장 개설 팁

요즘은 여러 개의 통장을 한 번에 만들 수도 없고, 한 은행에서 몇 개의 통장을 연달아 만드는 것도 힙듭니다. 그래서 카카오뱅크에서 비대면 계좌를 특정 주기마다 하나씩 개설하는 방법을 추천합니다. 이 주기만 잘 지키면서 통장을 1~2달에 1개씩 만들 수 있습니다. 아예 통장이 없다고 가정하더라도 6개월 정도면 통장 쪼개기를 위한 기본적인 세팅은 할 수 있습니다.

수중에 들어온 돈도 관리하지 못하는 사람이 과연 주식이나 부동산 투자로 많은 수익을 얻을 수 있을까요? 운이 좋아 얻었다고 해도 잘 관리할 수 있을까요? 조금 번거롭더라도 우선 통장 쪼개기로 수입을 관리하는 습관부터 길러 봅시다.

6 보험료 다이어트

대학을 졸업하고 취직을 하고 나면 부모님께서 "이제 네 보험료는 네가 내도록 해"라며 보험을 넘겨주시는 경우가 많습니다. 보장 내용을 잘 알고 가입하신 부모님도 있겠지만, 과거에는 단순히 지인의 말만 믿고 가입하는 경우도 많았기에 보험의 세부적인 내용을 잘 모르는 일도 심심찮습니다.

모든 보험 설계사가 그런 것은 아니겠지만, 보험이 고객에게 필요한지 아닌지를 떠나 자신에게 수당이 많이 나오는 상품을 권하는 경우가 많습니다. 꼼꼼히 따져서 가입하지 않으니 막연히 '아프면 돈이 나온다'는 정도만 알고 있을 뿐, 어떤 병에 걸려야 보험금이 지급되는지 또 금액은 얼마나 나오는지를 모르게 되는 것입니다. 실제로 질병에 걸렸을 때 보험금을 지급받지 못하는 사례도 많습니다. 정확히는 '받지 못했다'라기보다는 자신이 가입한 보험의 내용을 제대로 알지 못했던 것이지요. 보험 자체가 나쁜 것이 아니라, 잘 알지 못하는 채 가입을 하거나 무리하게 많이 가입하는 것이 문제입니다.

보험은 우리가 인생을 살아감에 있어서 필요한 것이라고 생각합니다. 내일 나에게 어떤 일이 생길지는 아무도 알 수 없기 때문입니다. 이번 챕터에서는 보험과 관련해 필수적으로 알아야 되는 부분을 정리해 보고자 합니다.

꼭 가입해야 하는 보험은?

보험은 필요한 것만 가입하는 것이 좋습니다. 그렇다면 어떤 보험을 기본으로 가지고 있어야 할까요? 저는 아래의 세 가지 보험은 필수라고 생각합니다.

① 사망 보험

여러분 자신이 사망할 경우 유가족에게 보험금이 전달되는 보험이 '사망 보험'입니다. 사망 보험은 크게 '종신 보험'과 '정기 보험'으로 나뉩니다.

종신 보험은 내가 언제 죽더라도 죽을 때 사망 보험금이 나오는 상품입니다. 사람은 언젠가는 죽으므로 보험금은 꼭 탈 수 있다는 장점이 있지만, 이 때문에 보험금이 비싼 편입니다.

정기 보험은 일정 기간까지만 보장을 받고 그 이후에 사망하면 사망 보험금이 나오지 않게 되는 단점이 있지만, 보험료가 저렴합니다.

저는 정기 보험으로 가입을 해 놓았습니다. 사망 보험금은 나를 위해서가 아니라 가족들을 위해 준비하는 보험이기 때문입니다. 생계를 책임지는 40대 가장과 은퇴 후 자식들이 돈을 벌고 있는 70대 노인이 사망하였을 때, 가족들에게 다가오는 부담은 다를 것입니다. 후자의 경우 사망 보험금이 나오면 장례비 등에 사용할 수 있어 보탬이 되지만, 굳이 받지 않아도 생계에 문제가 생기지는 않습니다. 상황에 따라 다르겠지만, 40대 가장이 갑자기 사망하면 대출금, 생활비, 자녀 교육비 등 기존의 지출을 감당하기 힘들어집니다. 저는 그런 생각에서 제 자녀가 성인이 되어 고정적으로 돈을 벌 때까지만 보장해 주면 된다고 판단했습니다.

보통 부모가 60세가 되면 자식들이 취업을 할 나이가 되므로 사망 보험을 60세로 설정하여 가입해 두면 보험료도 아끼고 필요한 보장도 받을 수 있습니다. 아직 책임질 가족이 없다면 사망 보험을 급하게 가입할 필요는 없습니다.

② 실비 보험

실비 보험은 아플 때 보장을 받을 수 있는 보험입니다. 갑자기 넘어져서 발목이 부러지거나, 교통사고를 당해서 입원 치료를 받아야 하는 등 가벼운 질병과 상해에 대하여 보장을 해 주는 보험입니다.

간단하게 몇 번 통원 치료를 통해 완쾌될 수 있다면 굳이 실비 보험의 중요성이 크게 다가오지 않겠지만, 일주일에 2~3회씩, 3개월에서 1년 정도 장기 치료를 받아야 하면 병원비도 꽤 많이 필요합니다. 그래서 이를 대비하여 실비 보험을 가입해 놓으면 자신이 계획해 놓은 수입 및 지출 프로세스에 영향을 받지 않고, 보험사에서 지급되는 보험금으로 병원비를 부담할 수 있습니다. 실비의 경우 보험료도 많이 비싸지 않아서 부담이 크지 않습니다.

③ 3대 질병 보험

다음은 '암·뇌·심장'에 관련된 질병에 걸렸을 때 보장을 해 주는 보험입니다. 이 3대 질병은 병원비와 치료비가 막대하게 들어갑니다. 또 3대 질병은 대수술을 하는 경우가 많고 더 이상 경제활동을 할 수 없는 상황이 되기 때문에 문제가 더 큽니다.

수입이 없는 상태에서 수술비와 치료비 등을 감당하는 것은 보통 사람에게는 무리이므로 보험에 가입하여 이 상황에 대비를 해 놓는 것이 좋습니다. 실비 보험이 있는데 굳이 3대 질병 보험까지 가입을 해야 하는지 묻는 분들도 있습니다만, 실비 보험에서는 3대 질병에 대해서는 제한적으로 보장해 줍니다. 입원실도 6인실 기준에서만 보장되고, 비급여 부분을 선택적으로만 보상해 주며, 간병인 비용도 포함되어 있지 않습니다. 하지만 3대 질병 보험은 위 사항은 물론 진단금도 지급되어 든든하게 질병에 대비할 수 있습니다.

이렇게 기본적으로 3가지 보험을 가입하면 되고, 각 카테고리별로 여러 상품을 살펴보면서 보장 범위, 가격 등을 꼼꼼히 따져 가입하면 됩니다. 그 외에 운전자 보험, 치매 보험 등 개인의 특수한 상황에 맞춰, 또 본인의 소득 수준에 맞춰 선택적으로 준비하면 되겠습니다.

한 달 보험료, 얼마가 적당할까?

보험은 미래에 발생할 사고에 대비하는 것이므로 '최소한'으로 가입을 해 놓는 것이 바람직합니다. 미혼의 경우 월 수입의 5%, 기혼(외벌이)의 경우 약 8%를 넘지 않는 것이 좋습니다. 맞벌이를 하는 저희 부부는 수입의 약 4%를 보험료로 지출하고 있습니다. 여러분이 가입한 보험을 모두 확인해 매달 나가는 보험료가 소득의 몇 퍼센트인지 확인하기 바랍니다. 만약 과도하게 나가고 있다면 불필요한 보험은 해약하시는 것이 좋습니다.

반대로 보험료가 아까워서 기본적인 보험도 가입하지 않는 분들이 있습니다. 보험도 일종의 재테크입니다. 투자를 열심히 하는 도중에 갑자기 암에 걸리거나 사고를 당하면 어떻게 될까요? 현금이 충분하지 않다면 투자금을 모두 인출하여 병원비를 내야 할 것입니다. 또 당분간은 투자 활동을 할 수 없게 될 테고요. 투자를 멈추는 것 자체가 마이너스 수익률이라고 본다면, 기본적인 보험 가입은 곧 재테크 활동을 꾸준히 할 수 있는 환경을 만드는 일이 되겠습니다.

반드시 피해야 하는 CI종신 보험

보험에 관한 지식이 많이 없는 분들이 CI보험을 가지고 있는 경우가 많습니다. CI보험이 어떤 보험인지 잘 모르는 상태에서 보험 설계사가 '다' 보장된다고 권유해서 '묻지도 따지지도 않고' 가입한 경우가 대부분입니다. 하지만 CI보험은 'Critical Illness'의 약자로, 심각한 질병에 대해서 보장을 해 주는 보험입니다. 그래서 암에 걸려도 1기인 경우에는 보장을 안 해 주거나 정말 죽을병에 걸려야만 보장을 해 주는 CI보험들이 많습니다.

요즘에는 건강 검진을 통해 질병을 미리 발견하고, 초기에 치료를 받아 다시 건강한 생활을 할 수 있습니다. 그런데 CI보험은 초기 치료에 대해서는 보장을 해 주지 않으니 보험의 역할을 제대로 하지 못하는 경우가 많습니다. 저는 조금 과장해서, 보험 회사에 다니는 지인에게 CI종신 보험을 권유받았다면 그 사람과의 관계를 다시 고민해야 한다고 말하고 싶습니다.

갱신형보다는 비갱신형

보험에는 계약 기간 내에 보험료가 오르지 않는 '비갱신형'과, 연간 단위로 자신의 나이에 맞는 위험률로 보험료가 책정되는 '갱신형'이 있습니다. 갱신형은 나이가 들수록 질병에 걸릴 확률이 높다고 보기 때문에 보험료가 계속 올라갑니다.

만약 수입은 크게 오르지 않는데 납입해야 하는 보험료가 계속해서 오르게 되면 이 또한 가계에 부담이 될 수 있으니 보장 내용이 같은 상품이라면 가급적 비갱신형 상품을 가입하는 편이 좋습니다.

생명 보험사 vs 손해 보험사

보험 회사를 크게 2가지로 분류하면 '생명 보험사'와 '손해 보험사'로 나뉩니다. 쉽게 생명 보험사는 보통 사망에 대한 보험 상품을, 손해 보험사는 실비나 진단금 관련 상품을 판매하는 회사라고 생각하면 됩니다. 중복으로 판매하기도 하지만 가급적 각 회사가 전문적으로 판매하는 상품에 가입하는 것이 저렴합니다.

보험은 보통 20년 정도 장기 납입을 해야 합니다. 매달 10만 원을 넣는다고 가정하면 원금만 2,400만 원이 됩니다. 부동산과 자동차 다음으로 큰 금액이 들어가는 지출 항목입니다. 자신에게 어떤 보험이 필요하고, 어느 정도의 보험료를 지출할 수 있는지 꼭 점검하여 지혜롭게 노후를 준비하도록 해야겠습니다.

🔍 스크루지의 핵심 정리

- 재테크의 가장 기본은 절약입니다. 투자의 대가 워런 버핏도 여전히 절약하고 있다는 사실을 잊지 맙시다.

- 자신의 용돈과 생활비부터 계획적으로 쓰는 습관을 들여야 합니다.

- 가계부 작성과 통장 쪼개기는 재테크를 잘 할 수 있는 환경을 만들어주기 때문에 재테크 초반에 시작하는 것이 좋습니다.

- 보험은 미래를 대비하는 것이므로 '최소한'으로 가입합시다. 수입의 5~8% 범위 내에서 지출하는 것을 추천합니다.

엑셀 가계부 만들기

아래 이미지는 제가 직접 만들어서 사용하고 있는 엑셀 가계부 파일의 일부입니다. 저는 아래의 샘플 '월별 수입 및 지출 현황'과 '월별 비상금 통장 사용 현황', '연도별 자산 내역'까지 총 세 가지 표를 만들어 자산을 관리하고 있습니다. 해당 파일을 본 인의 생활 패턴과 상황에 맞게 조금씩 수정을 하여 사용하면 됩니다. QR코드로 들어가면 원본 파일을 받을 수 있습니다.

스크루지의 가계부

구분	대분류	중분류	소분류	1월	2월
수입	급여				
	월급 외 소득	블로그 소득			
		전자책 소득			
	금융 소득	은행이자			
		부동산			
	기타	기타			
	수입 합계				
지출	저축 및 투자	적금통장			
		청약통장			
		마이너스통장			
		저축 합계			
		주식계좌			
		연금계좌			
		투자 합계			
		소득 대비 저축 비중			
	고정지출	부채			
		보험			
		용돈			
		합계			
		소득 대비 보험 비중			
	변동지출	주거	생활비		
			아파트 관리비		
			가스		
			주민세		
		자동차	주유비, 통행료		
			정비		
			보험료		
			세금		
		의료비			
		경조사비			
		부동산	재산세		
			수수료		
		기타			
		합계			

PART 4
자산 불리기

이론편

음...

??

스크루지!
뭘 그렇게 열심히 봐?

어!
마레야~

경제 뉴스 보고있어~
폰으로 편하게 볼 수 있지!

어휴~ 어려워!
경제 뉴스 하나도
못 알아 듣겠어.

난 그냥
마음 편히
은행에
저금할래....

요즘 시대에
은행에 저금만
하겠다고?

스크루지
변신!

마레야~
예금만으로 원금을
2배로 만들려면
얼마나 걸리는지 알아?

홈...글쎄 ??

자그마치
144년이 걸려!

(금리 0.5% 기준)

뭐?

그렇게
오래
걸려?

근데 투자로 불리면
약 9년이 걸려.

(연평균수익률 8%기준)

와...그렇게
차이가 많이 나는구나

그렇지!
경제 뉴스 보는 것도
습관이 되면
아주 쉽고 재밌어.

기초부터
찬찬히
알려줄게!

1 ▶ 은행 이자만 바라보는 시대는 끝났다

1990년대에는 금리가 높아 1,000만 원을 예금하면 1년 뒤 약 100만 원의 이자가 생겼습니다. 굳이 위험을 무릅쓰고 원금이 보장되지 않는 주식 투자 등의 재테크를 할 필요가 없었습니다. 하지만 현재 시중 금리는 0.5%(2021년 1월 기준)입니다. 1,000만 원을 예금하면 약 5만 원의 이자가 생긴다는 뜻입니다. 게다가 물가 상승률을 고려하면 현재의 금리는 오히려 마이너스에 가까울 정도입니다.

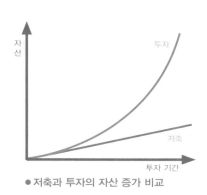

● 저축과 투자의 자산 증가 비교

저축만 하는 것과 투자를 함께했을 때의 자산 변화를 그래프로 그려보면 위와 같습니다. 처음에는 크게 변화가 없다가 어느 시점을 지나고부터는 급격하게 차이가 나는 것을 볼 수 있습니다. 저축만 하게 되면 자신의 노력과 상관없이 계속 고정 이자만 받기 때문에 기울기가 거의 일정한 직선으로 증가합니다. 물론 투자도 초기에는 내공이 부족하고 자금도 크지 않아서 저축과 유사한 수익률을 보이지만, 차츰 실력이 쌓이고 자신만의 원칙으로 꾸준히 하다 보면 큰 수익을 낼 수 있습니다.

저도 26세에 취업을 하고 31세까지는 오로지 저축만으로 1억을 만들었습니다. 그리고 종잣돈 1억이 모이기 전까지는 꾸준히 재테크 방법을 공부하였습니다. 일부 자금을 투자하면서 공부한 것을 적용해 보기도 했습니다. 그렇게 30대 중반이 지나자 자산은 10억으로 증가했습니다. 1,000만 원이 1억이 되기까지는 5년, 1억이 10억이 되기까지 또 5년이 걸렸습니다. 만약에 계속 은행에 저축만 하고 있었다면 2억 정도밖에 되지 않았을 것입니다.

● 저축 vs 투자 자산 증가 비교

자산 증가	72의 법칙		
	예·적금 (금리 0.5% 기준)	투자 (투자 수익률 5% 기준)	투자 (투자 수익률 8% 기준)
2배	144년	약 14년	약 9년

은행에 예적금만 하는 것과, 투자로 5%, 8% 수익을 내는 경우 자산이 2배가 되는 데 걸리는 시간을 비교해 보았습니다. 앞서 〈PART 1〉에 나왔던 '72 법칙'을 기억한다면 위의 표를 쉽게 이해할 것입니다. 은행 금리 0.5% 기준으로는 144년이 걸리고, 연평균 투자 수익률 5%인 경우는 약 14년 정도가 소요됩니다. 투자 수익률이 8%로 증가하면 약 9년으로 기간이 단축됩니다. 물론 재테

크를 시작한다고 해서 바로 수익을 내기는 어렵습니다. 무엇부터 시작해야 하는지, 주식을 한다면 어떤 종목을 사야 하는지 등 아무런 지식이 없기 때문입니다. 주식 방송이나 리딩방에서 추천하는 종목을 무조건 믿고 사는 경우는 오히려 큰 손해를 볼 수도 있습니다. 이번 〈PART 4〉에서는 제가 그동안 공부하고 투자한 경험을 바탕으로 투자에 접근하는 방법을 알려 드리고자 합니다.

2 ▶ 투자의 기본 공식

투자금에서 제외해야 하는 돈

투자금을 마련할 때에는 1년 이내에 사용할 목돈은 제외하는 것이 좋습니다. 만약 그 돈을 부동산이나 주식 투자에 사용하게 되면 투자 수익이 나지 않은 상황에도 투자금을 회수해야 할 수도 있습니다. 아무리 은행의 이자가 적다고 해도 가까운 시일 내에 쓸 돈은 안전하게 보관하는 것이 최우선입니다.

투자는 당장 사용하지 않을 자금으로 해야 자신이 목표로 한 수익률에 도달할 때까지 버틸 수 있습니다. 당장 돈을 인출해야 하는 조급함은 자신의 투자 원칙을 깨뜨릴 수 있습니다.

간혹 투자하지 않는 사람들이 "투자는 실력이 아니고, 운이야" 라고 하는 경우를 봅니다. 어느 정도 맞는 말입니다. 그 이유는 주식, 부동산 등 투자 자산의 가치가 매년 상승하는 것이 아니기 때문입니다. 어느 기간 동안에는 횡보하기도 하고 하락하기도 합니다. 수익을 내려면 그런 기간을 잘 견뎌 상승하는 때를 만나야만 합니다. 물론 무조건 버틴다고 상승 타이밍을 만나는 것은 아니지만, 상승 타이밍을 잡기 어렵다고 투자를 안 하는 것은 어리석은 생각입니다. 시장의 흐름을 분석하면서 상승장을 기다리는 것도 그 사람의 실력입니다. 다음에 올 상승장을 놓치지 않기 위해 공부가 필요한 것이고요.

투자 기본 공식

투자를 통하여 자산을 점진적으로 증가시키는 여러 방법이 있지만 기본적으로 이 공식 하나면 다 통합니다.

미래 자산 = 투자금$(1+r)^n$

이 공식에서 r은 연평균 수익률을 뜻하고, n은 투자 기간을 뜻합니다. 즉 현재 투자금을 이용하여 연평균 수익률 r로 n년 동안 투자하면 그것이 곧 자신의 미래 자산이 되는 것입니다. 하지만 여기서 주의해야 할 점은 투자의 기간에 따라 해당 공식에서 중요한 변수들이 다르다는 것입니다.

구분	투자 기간	주요 변수	설명
단기	1~3년	투자금	투자금의 규모가 제일 중요함
중기	3~10년	투자금, 수익률	투자금과 수익률이 중요함
장기	10년 이상	투자 기간	투자 기간이 제일 중요함

위 표에 투자 기간별로 주요 변수에 대하여 정리해 보았습니다. 단기간 투자하는 경우에는 r(수익률)과 n(투자 기간)보다는 현재 투자금이 제일 중요합니다.

단기 재테크용으로 많이 이용하는 은행 예금 상품에 매달 100만 원씩 1년을 넣는다고 가정해 봅시다. 금리가 1%인 경우와 2%인 경우를 비교하면 이자가 약 5만 원 차이가 납니다.

●단기 투자 시 – 투자금의 중요성

매달 100만 원 적금 시	금리 1%	금리 2%
1년 뒤	12,054,990원	12,109,980원

매달 101만 원 적금 시	금리 1%	금리 2%
1년 뒤	12,175,540원	12,231,080원

만약 돈을 더 절약해서 매달 적금을 만 원 더 추가하여 101만 원으로 가입한다고 가정해 봅시다. 100만 원으로 금리 2%의 상품에 가입하는 것보다 101만 원으로 금리 1% 상품에 가입하는 것이 더 많은 수익을 냅니다. 즉 단기 투자에서는 수익률과 투자 기간보다는 투자금의 규모가 더 중요하다는 것을 알 수 있습니다. 이런 공식을 모르면 단기 상품에 가입할 때 금리를 조금이라도 더

주는 은행에 가기 위해 택시비를 지불하게 되는 일이 생깁니다.

투자 기간이 긴 경우에는 투자금과 수익률이 모두 중요합니다. 먼저 투자 기간의 중요성을 살펴보겠습니다. 장기 투자 목적으로 많이 선택하는 연금저축계좌에 30세에 가입한 경우, 40세에 가입한 경우를 비교해 봅시다.

●장기 투자 시 – 투자 기간의 중요성

1,000만 원 투자 시	30세부터 연평균 수익률 5%	40세부터 연평균 수익률 5%
60세 만기	43,219,424원	26,532,977원
70세 만기	67,047,512원	43,219,424원

만기일을 60세로 설정하면 1,000만 원의 자산은 위와 같이 격차가 벌어집니다. 투자 기간을 더 늘려서 70세까지 투자를 한다면 자산의 격차는 더 벌어지게 되지요. 이것이 복리의 마법입니다. 이는 장기 투자 시 투자 기간이 중요하다는 것을 잘 보여주는 예시입니다.

그러면 이번에는 장기 투자 시에 투자 기간은 동일하고 수익률이 다른 경우를 살펴보겠습니다.

●장기 투자 시 – 수익률의 중요성

1,000만 원 투자 시	연평균 수익률 5%	연평균 수익률 10%
20년 동안 투자	26,532,977 원	67,274,999 원
30년 동안 투자	43,219,414 원	174,494,023 원

1,000만 원을 투자한 경우 연평균 수익률이 5%, 10%일 때의 자산은 위 표에서처럼 확연하게 벌어집니다.

또 20년간 투자하는 것보다 30년간 투자를 할 때 자산의 격차는 더 벌어집니다. 만약 투자금이 1,000만 원에서 1억으로 늘어난다면 당연히 수익도 1,000만 원일 때보다 1억일 때가 더욱 커질 것입니다. 결국 중요한 것은 종잣돈을 최대한 마련하여 오랫동안 투자하는 것이 되겠습니다.

앞서 〈PART 2〉에서 계획을 세울 때에 개개인의 상황에 맞춰서, 또 단기·중기·장기로 기간을 세분화하여 체계적으로 진행해야 한다고 말씀드렸습니다.

투자 방식을 결정할 때에도 마찬가지입니다. 본인의 생활 패턴과 자금 운용 계획을 고려하여 투자 방식을 정해야 합니다. 1~2년 안에 보증금 등에 들어갈 수 있는 자금을 주식이나 부동산에 넣는 것은 좋지 않은 방법입니다. 반대로 1~2년 안에 쓸 자금이 아닌데도 아무런 고민 없이 이율이 낮은 예금이나 적금에만 넣어 놓고 돈을 방치하는 것도 좋지 않습니다.

정리하자면 단기 자금은 은행에 보관하고, 중기 자금은 주식과 부동산에 투자하고, 장기 자금은 연금 상품 등을 이용하는 것이 합리적인 투자 방식이라고 할 수 있겠습니다.

3. 투자의 단계별 순서

앞서 소개했던 '재테크 테크 트리'를 다시 보겠습니다. 1, 2번 항목은 앞에서 다루었으니, 이번에는 실전 투자에 관한 3번부터 상세히 다루어 보겠습니다.

● 테크 트리

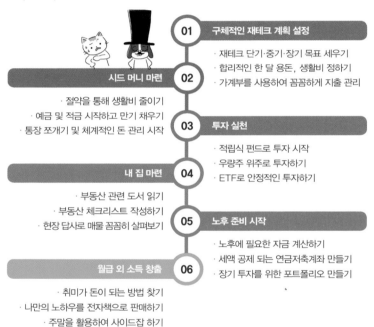

01 구체적인 재테크 계획 설정
· 재테크 단기·중기·장기 목표 세우기
· 합리적인 한 달 용돈, 생활비 정하기
· 가계부를 사용하여 꼼꼼하게 지출 관리

02 시드 머니 마련
· 절약을 통해 생활비 줄이기
· 예금 및 적금 시작하고 만기 채우기
· 통장 쪼개기 및 체계적인 돈 관리 시작

03 투자 실천
· 적립식 펀드로 투자 시작
· 우량주 위주로 투자하기
· ETF로 안정적인 투자하기

04 내 집 마련
· 부동산 관련 도서 읽기
· 부동산 체크리스트 작성하기
· 현장 답사로 매물 꼼꼼히 살펴보기

05 노후 준비 시작
· 노후에 필요한 자금 계산하기
· 세액 공제 되는 연금저축계좌 만들기
· 장기 투자를 위한 포트폴리오 만들기

06 월급 외 소득 창출
· 취미가 돈이 되는 방법 찾기
· 나만의 노하우를 전자책으로 판매하기
· 주말을 활용하여 사이드잡 하기

일단 재테크를 시작했다면 반드시 투자 공부를 해야 합니다. 제가 제시하는 투자 순서가 모든 사람에게 맞는 것은 아니지만, 보편적으로 활용될 수 있는 방안이니 적절히 활용하시기 바랍니다.

펀드로 입문하라

먼저 펀드를 통하여 투자에 입문할 것을 추천합니다. 투자 경험이 없는 채로 주식 시장에 뛰어드는 것은 매우 위험합니다. 그 이유는 종목을 선정할 수 있는 안목이 없기 때문입니다. 또 주식에 투자하기는 아직 두렵고, 부동산에 투자하기에는 자금이 부족한 재테크 입문자들에게도 좋습니다.

주식 투자

펀드를 운용하면서 어느 정도 투자에 대한 기본 지식이 쌓였다면 주식 투자로 넘어갑니다. 펀드와 달리 주식 투자는 스스로 개별 종목을 선정할 수 있는 능력이 필요합니다. 따라서 투자하고자 하는 기업의 재무제표, 공시정보, 호재 및 악재에 관한 뉴스 등을 반드시 확인해야 합니다.

기업을 분석하지 않고 무턱대고 투자하는 것은 눈을 가리고 길을 걷는 것만큼 위험합니다. 만약 개별 종목을 선택하기 어려운 초보자라면 우량주 위주로 투자하거나, ETF에 투자하면서 조금 더 투자에 대한 안목을 기르는 편이 좋겠습니다.

부동산 투자

펀드와 주식으로 자산을 계속해서 증가시켰다면 그다음으로는 부동산에 관심을 가져 봅시다. 집값이 계속해서 상승하는 이 시점에 과연 부동산을 사는 것이 맞는지 고민하는 분들도 있겠습니다. 하지만 유동성이 풍부해져 현금의 가치가 떨어지고 있는 데다, 계속해서 월세나 전세를 찾아다니며 이사하는 비용과 수고를 생각하면 나와 가족이 거주할 집 한 채는 마련하는 편이 좋다고 생각합니다.

노후 대비

다음은 자신의 노후를 대비하여 연금을 마련해 두는 것입니다. 이제는 '100세 시대'라고 할 정도로 평균 수명이 증가했습니다. 60세에 은퇴를 한다고 하면 소득 없이 살아야 하는 기간이 약 40년입니다. 젊었을 때 아무런 준비를 해 두지 않으면 생계가 위험해질 수 있다는 것을 자각해야 합니다. 그래서 장기적인 관점으로 투자하면서 차근차근 노후를 준비해야 합니다.

월급 외 소득 창출하기

이 단계는 투자하면서 병행해도 되지만, 맨 마지막에 넣어 둔 이유는 옵션이기 때문입니다. 아무래도 직장을 다니면서 월급 외 소득을 창출하는 것이 쉬운 일은 아니기 때문입니다. 또 마음은 있더라도 직무상 불가능한 사람도 있기 때문에 필수 코스로 넣지는 않았습니다. 만약 사이드잡을 할 수 있는 상황이라면 투자금을 늘릴 수 있기 때문에 자신이 목표한 자산에 조금 더 빠르게 도달할 수 있습니다. 이 부분은 〈PART 6〉에서 조금 더 상세히 다룰 예정입니다.

지금까지 재테크를 무엇부터 시작해야 하는지 가볍게 정리했습니다. 펀드, 주식, 부동산, 연금에 대한 구체적인 실천법은 〈PART 5〉에서 다룰 예정이며 지금부터는 그것을 위한 기본기를 쌓는 방법을 공유하도록 하겠습니다.

🌀 TV 프로그램으로 재테크 배우기

영어를 잘하는 방법, 소위 '귀를 뜨이게' 하는 방법에는 영어 라디오 듣기, 미국 드라마 보기 등이 있습니다. 영어라는 소리에 계속 노출을 시켜야 한다는 말이지요. 여러 번 반복해서 듣고 공부하다 보면 처음에는 무슨 말인지 안 들리던 것도 조금씩 들립니다. 그러다 마침내 문장을 이해하는 수준까지 실력이 늘지요.

재테크도 다르지 않다고 생각합니다. 2014년 제가 본격적으로 재테크를 시작하였을 때, 〈쿨까당〉이라는 TV 프로그램이 방영 중이었습니다. 패널들이 나와 사회적 이슈에 관해 토론하면서 색다른 시각으로 풀어 나가는 프로그램이었습니다.

재테크와 관련된 주제가 방영되는 회차는 빠짐없이 시청했고 단순히 시청하는 것만으로 끝내는 것이 아니라 블로그나 재테크 카페에 주요 내용들을 정리하면서 확실히 내 지식으로 만드는 단계를 거쳤습니다. 이렇게 하다 보니 어느새 재테크 트렌드를 주변 사람들보다 빠르게 읽을 수 있게 되었고, 어떤 투자의 장단점이 무엇인지도 정확히 파악할 수 있게 되었습니다.

예능이나 드라마를 보는 것도 즐겁지만, 기왕 텔레비전 앞에 앉아 있을 거라면 자신의 재테크 실력을 높여주는 프로그램을 보는 게 좋지 않을까 싶습니다. 이 방법은 처음부터 재테크 도서를 보는 것이 어려운 분들에게도 도움이 될 것입니다. 처음부터 메모를 하거나 요약을 할 필요는 없습니다. 재테크에 대한 감을 익힌다는 생각으로, 귀를 뜨이게 한다는 생각으로 보면 됩니다. 제가 도움을 받은 몇 가지 프로그램을 소개해 드리겠습니다.

● 재테크 TV 프로그램 추천리스트

프로그램명	채널	방송 시간
EBS 비즈니스 리뷰	EBS1	(월~목) 오후 11:35
EBS 다큐프라임	EBS1	수시로 변경됨
서민갑부	채널A	방영 종료 (다시보기 추천)
미래수업	tvN	방영 종료 (다시보기 추천)
돈워리스쿨	SBS	방영 종료 (다시보기 추천)
정산회담	JTBC	방영 종료 (다시보기 추천)

〈EBS 비즈니스 리뷰〉

최근 제가 챙겨보는 〈EBS 비즈니스 리뷰〉는 경제에 관한 여러 가지 분야를 기획하여 방영하는 프로그램입니다. 재테크에 국한된 내용만 다루는 것은 아닙니다만, 창업에 관한 노하우나 다양한 분야의 트렌드 및 핵심 정보를 전문가들의 입을 통해 직접 들을 수 있어 좋습니다. 경제와 연관된 여러 분야를 다양한 시각으로 접할 수 있어 장기적으로 자신만의 투자 관점을 만드는 데 도움이 될 것입니다.

● 〈EBS 비즈니스 리뷰〉 채널 화면

〈EBS 다큐프라임〉

〈EBS 다큐프라임〉 하면 가장 떠오르는 회차가 바로 4부까지 제작된 '자본주의'일 것입니다. 재테크와 투자를 하는 사람들 사이에서는 필수 시청 영상이라고 알려질 만큼, 우리가 살아가는 자본주의 사회에서 핵심적인 역할을 하는 돈과 금융에 관해 우리의 인식을 제대로 바꿀 수 있게 도와주는 영상이죠. 많은 조회수를 기록한 만큼 책으로도 출간되어 서점에서 판매되고 있으니 참고하시기 바랍니다.

●〈EBS 다큐프라임〉 채널 화면

〈서민갑부〉

현재는 방영이 종료된 이 프로그램은 제가 정말 애청했던 프로그램 중 하나입니다. '서민'과 '갑부'라는 두 가지 키워드를 동시에 지닌 주인공이 등장해 그들의 힘들었던 시절부터 현재의 성공을 이루기까지의 스토리를 보여줍니다. 주인공들의 공통적인 특징이 '본인의 힘으로 포기하지 않고 지금의 성공을 만들었다'라는 것이라 강한 동기 부여를 받을 수 있습니다. 저는 아직 갑부라고 불리기에는 부족하지만, 인생의 스토리가 어느 정도 비슷한 탓인지 유독 재미있게 봤습니다.

●〈서민갑부〉 채널 화면

이 프로그램의 또 다른 장점은 그동안 생각하지 못했던 인사이트를 얻을 수 있다는 것입니다. 가장 기억에 남았던 편은 '숨만 쉬어도 연 10억을 버는 서민갑부편'이었습니다. 놀랍지 않은 분들도 있겠습니다만, 저는 당시에 자판기로 돈을 벌 수 있다는 것을 그 방송을 보고 깨달아 신선한 충격을 받았습니다. 자판기는 일례에 불과하겠지요. 여전히 제가 모르는 돈 버는 방법은 정말 다양할 것입니다. 나의 무지함으로 많은 기회를 놓치고 있다는 것을 깨달을 수 있었던 회차였습니다.

〈미래수업〉

tvN에서 방영되는 이 프로그램은 포스트 코로나 시대에 필요한 삶의 방식을 모색하는 강연 형식의 프로그램입니다. 특히 부동산이나 주식과 같은 경제 테마를 다루는 회차가 있는데 강연 형식이라 제법 깊이가 있어 도움이 많이 됩니다. 코로나 이후 전 세계가 유동성이 풍부해지고 초저금리 시대로 변했기 때문에 투자의 방식도 바뀌어야 한다는 것, 또 무조건적인 투자가 정답이 아니라 돈의 흐름을 알아야 한다는 것을 연예인 패널들과 소통하면서 알려주어 공감되는 부분이 많았습니다.

● 〈미래수업〉 채널 화면

〈돈워리스쿨〉, 〈정산회담〉

두 프로그램은 방영이 종료되었습니다만, 다시 보기를 통해 1화부터 보시기 바랍니다. 특히 〈돈워리스쿨〉은 '슈카', '신사임당', '소수몽키' 등 유명한 재테크 유튜버들과 초보 투자자 연예인들이 함께 출연하여 '2030 세대'의 재테크에 도움이 될 만한 내용이 많았습니다.

소개한 프로그램 외에도 자신에게 맞는 프로그램을 찾아보면 좋겠습니다. 많이 보고 많이 들어야 '묻지 마 투자'에서 벗어날 수 있고 자신만의 올바른 투자관을 만들 수 있습니다. 똑똑한 개인 투자자가 많아진다면 대한민국 주식 시장이 안정적으로 우상향할 수 있을 거라고 생각합니다.

5 경제 뉴스 쉽게 보는 방법

재테크를 잘하려면 경제 뉴스와 친해져야 합니다. 주식 시장은 경제와 밀접한 관련이 있기 때문에 투자를 통하여 수익을 내려면 현재 우리나라의 경제 성장이 어느 단계인지, 다른 나라에서는 어떤 일이 벌어지고 있는지 등 현재 국내외 상황을 파악하고 있어야 합니다.

저도 재테크를 본격적으로 시작하기 전에는 연예 뉴스, 스포츠 뉴스를 즐겨보는 지극히 평범한 직장인이었습니다. 하지만 어렵게 돈을 모아 투자한 상품이 경제 상황에 따라 수익률이 오르락내리락하니 뉴스를 안 보려야 안 볼 수가 없게 되었습니다.

그런데 재테크를 막 시작한 사람이 경제 뉴스를 본다는 것은 쉬운 일은 아닙니다. 저도 그랬으니까요. 모르는 용어도 많고 무슨 말인지 전혀 이해되지 않을 때도 있을 것입니다. 지금 뉴스를 읽고 있는 것인지 글자만 읽고 있는 것인지도 알 수 없어 자괴감에 빠지기도 할 겁니다. 하지만 이 단계를 꼭 이겨내야 합니다. 학창 시절을 떠올려 봅시다. 미분과 적분을 처음 배울 때도 맨 처음에만 어렵지 막상 이해를 하면 어떤 유형의 계산도 척척 해낼 수 있습니다. 재테크도 마찬가지입니다. 꾸준히 읽다 보면 내용을 파악하는 것이 어렵지 않게 됩니다.

● 〈매경e신문〉 앱에서 보는 종이 신문

저는 맨 처음에 〈매경e신문〉이라는 앱을 통해 발행되는 종이 신문을 보기 시작했습니다. 종이 신문이 주는 간결함과 짜임새가 좋았고, 신문사 홈페이지나 포털에서 제공하는 수많은 경제 뉴스 중에서 어떤 뉴스가 중요한지 선별하는 능력이 부족했기 때문입니다. 그래서 중요한 이슈들이 다 포함된 위와 같은 종이 신문을 택했습니다. 한 달에 15,000원이라는 구독료가 있기 때문에 돈이 아까워서라도 매일 챙겨 보았습니다. 이렇게 신문을 보는 습관을 들이면서 투자에 한 걸음 더 다가가게 되었습니다. 꾸준히 보다 보니 다른 언론사에서 발행하는 기사들도 봐야겠다는 생각이 들었습니다. 하지만 모든 신문을 유료로 구독할 수도 없고, 그렇다고 비용을 아끼자고 각 홈페이지에 매일 접속하는 것도 번거로

웠습니다. 고민하던 중 우연히 지인의 추천으로 쉬운 방법을 알게 되어 지금까지 사용하고 있습니다.

경제 뉴스 쉽게 보는 방법 1_ RSS 프로그램 이용하기

RSS는 'Rich Site Summary'의 약자로, 인터넷상의 수많은 정보 중에서 이용자가 원하는 것만 골라서 제공해 주는 '맞춤형 뉴스 서비스'입니다. 대부분의 온라인 신문사가 RSS 서비스를 제공하고 있기 때문에 RSS 주소를 프로그램에 등록해 놓으면 굳이 뉴스를 보러 신문사 사이트에 들어가지 않아도 됩니다.

뉴스뿐 아니라 네이버 블로그에서도 RSS 기능을 제공하고 있어 괜찮은 투자 블로그들의 RSS 주소를 등록해 두고 편하게 한 곳에서 새로운 글을 받아볼 수 있습니다.

여러 RSS 프로그램 중에서 저는 〈Feedly〉라는 사이트를 이용합니다. 외국에서 제공해 주는 서비스라서 한글로 표시되지는 않지만 그리 어려운 단어가 없어 이용에 큰 불편함은 없습니다. 크롬 브라우저를 사용하면 번역이 되니 영어가 불편한 분들도 이용할 수 있을 겁니다. 그러면 어떻게 〈Feedly〉를 사용하는지 보여드리겠습니다.

먼저 구독을 원하는 신문의 RSS 주소를 알기 위해 포털 검색창에 '언론사+RSS' 조합으로 검색을 합니다. 〈매일경제〉를 예로 들어 살펴보겠습니다.

● 언론사명+RSS 로 검색

● 〈매일경제〉 카테고리별 RSS 주소

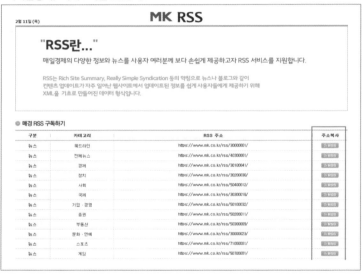

　카테고리별로 RSS 주소가 다르므로 관심 있는 분야의 주소를 복사합니다. 이제 복사한 RSS 주소를 〈Feedly〉에 등록만 하면 끝입니다. 그러면 앞으로 〈매일경제〉에서 발행되는 경제 관련 기사는 제 〈Feedly〉 화면에 실시간으로 보입니다.

●〈Feedly〉의 RSS 주소 등록 화면

처음에 무턱대고 여러 언론사의 RSS를 등록해 놓으면 하루에 1,000개 이상의 뉴스를 다 읽어야 하는 상황이 발생합니다. 너무 많은 정보는 혼란을 줄 수 있고, 읽다가 질릴 수 있으므로 적응이 될 때까지는 한 군데에서 발행되는 경제 기사만 차근차근 읽어 봅시다. 재테크는 장기전이므로 처음부터 무리하지 않는 것이 중요합니다.

●뉴스가 수집된 〈Feedly〉 화면

경제 뉴스 쉽게 보는 방법 2 _ 텔레그램 이용하기

두 번째 방법은 바로 〈텔레그램〉을 이용하는 것입니다. 텔레그램은 보통 사용자들끼리 채팅을 하는 용도로 사용되는데, 이를 잘 이용하면 뉴스를 실시간으로 누구보다 빠르게 받아볼 수 있습니다. 투자를 하다 보면 정보 수집 속도가 중요할 때가 많습니다.

또 직장인은 업무를 하는 동안에는 바빠서 실시간으로 뉴스를 확인하기가 힘듭니다. RSS 프로그램도 새로운 뉴스를 확인하려면 새로고침을 해서 확인해야 하고, 따로 알림이 오지 않기 때문에 실시간으로 확인하는 것은 어렵습니다. 만약 뉴스도 카카오톡처럼 알림이 오면 어떨까요?

● 〈텔레그램〉 화면

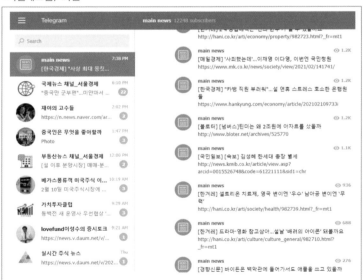

바로 그런 역할을 텔레그램이 합니다. 신문사에서 텔레그램 채널을 운영하는 경우가 있는데 해당 채널 주소로 입장해서 실시간으로 뉴스를 받아볼 수 있습니다. 마치 카카오톡처럼 새로운 메시지가 오면 오른쪽 하단에 알림이 생성되듯이, 채널에 입장해 있으면 새로운 뉴스가 수신될 때 알림이 떠서 실시간으로 확인할 수 있게 됩니다. 하지만 텔레그램 주소는 포털에 검색해도 잘 나오지 않습니다. 앞서 언급한 대표적인 RSS주소 및 제가 자주 이용하는 텔레그램 채널 정보를 블로그에 정리해 두었으니 참고하면 되겠습니다.

매일 수없이 쏟아지는 경제 기사들을 다 살펴보는 것은 현실적으로 매우 힘듭니다. 하루 이틀은 가능할지라도 이것을 계속해서 반복하면 지쳐서 경제 뉴스 보는 것 자체를 포기하게 됩니다. 알려드린 툴로 여러분의 값진 시간을 아끼면서 유용한 정보를 쉽게 얻으시길 바랍니다.

6 효율을 높이는 독서 방법

저는 재테크와 관련된 책을 2014년부터 현재까지 약 300권 이상을 읽었습니다. 물론 처음부터 책의 내용을 다 이해한 것은 아님니다. 반복해서 읽다 보니 모르는 단어가 점차 없어졌고 책을 읽는 속도도 빨라졌습니다.

하지만 100권쯤 읽자 또다른 고민이 생겼습니다. 책을 읽은 후 시간이 지나면 어떤 책에 어떤 내용이 있었는지 기억이 나지 않는다는 것이었습니다. 책에서 얻은 지식을 오래 저장하고 필요할 때 찾을 수 있도록 두 가지 방법을 찾았고 지금까지 꾸준히 실천하고 있습니다.

효율을 높이는 독서 방법 1 _ 정리하면서 읽기

책을 다양하게 많이 읽는 것도 중요하지만, 읽는 것에서 끝내지 않고 자신만의 메모장에 책의 주요 내용들을 따로 정리해 놓는 것을 추천합니다. 이렇게 하면 어떤 책에 어떤 내용이 있었는지 좀 더 오래 기억할 수 있습니다.

저의 경우 '에버노트'와 '엑셀'에 모든 것을 정리해 놓는 습관이 있습니다. 책을 읽으면서 중요한 부분을 바로바로 정리하는 습관을 들이니 그 책의 정보가 제 것이 된 듯했습니다.

누군가에게 책을 추천할 때에도, 이전에는 책 제목만 알려주었는데 이제는 책 제목과 함께 이런 내용이 있어서 추천한다는 이유까지 같이 설명할 수 있어 도움을 주기에도 좋습니다. 이러한 독서 정리 노트는 재테크 전략을 세울 때도 함께 살펴보면서 적용시킬 수 있어 아주 효과적입니다.

● 스크루지의 실제 독서 노트 이미지

경기상승기	경기상승기에 수혜를 보는 채권으로 **하이일드 채권, 이머징채권, 금리연동**
하이일드채권	하이일드채권의 변동성이 국내주식 대비 1/3수준인 반면, 장기수익률은 거으 위험과 수익을 동시에 고려하면, 하이일드채권은 주식보다 우수한 투자자선
채권의 안전성	주식의 최대하락폭은 -38%, 채권의 하락폭은 -2.9%
채권의 특성	경제가 악화될수록 가격이 상승하므로 포트폴리오에 포함시키자 은행은 파산해도, 나라는 파산하지 않으므로 국고채에 투자하자
경제환경과 채권	
금리와 채권, 인플레이션	채권수익은 고정이지만, 채권가격은 변하기 때문에 투자총수익 은 변하게 되 그리고 채권가격은 금리와 서로 반대 방향으로 움직임 그리고 인플레이션도 채권가격과 반대 방향으로 움직임 시장(명목)금리(은행이자) = 실질이자율 + 예상인플레이션 실질이자율 = 예상인플레이션 - 시장(명목)금리 ex) 시장금리가 3% , 인플레이션율이 5% 인 경우, 실질이자율은 -2% 이므로 시장금리에 가장 큰 영향을 주는 것은 예상인플레이션이므로, 인플레이션 ㄹ 장기적으로 시장금리는 인플레이션에 수렴함 각국 중앙은행은 효과적인 금리정책 결정을 위해 2%의 인플레이션 목표를 이 수준을 넘어가면 기준금리 인상시킴 *시장금리 : 미국은 10년만기 국채금리, 한국은 3년만기 국채금리 중앙은행이 기준금리 인상 => 시장금리 상승 => 채권발행기업이 시장금리 상승에 상응하는 이자수익 제공해야함 => 높은이자율의 신규채권 발행 => 기존 낮은 금리 채권들의 가치가 하락 => ㄱ
인플레이션과 소비자물가지수	인플레이션을 보여주는 지표는 소비자물가지수 소비자물가지수는 **일반소비자물가지수**와 **핵심소비자물가지수**(변동성이 높 핵심소비자물가지수로 인플레이션의 방향성을 확인가능
인플레이션에 영향을 미치는 중요한 변수	**1. 경제성장률** - 경제성장률이 중앙은행의 목표인플레이션을 초과하면 인플레이션 압력으 **2. 임금인플레이션** - 임금상승은 소비를 증진시키며 인플레이션 상승에 중요한 요인이됨 **3. 실업률** - 높은 실업률은 임금인플레이션을 하락시킴 - 낮은 실업률은 임금상승 압력으로 작용하여 인플레이션 상승요인 **4. 원자재가격** - 원자재가격 상승은 인플레이션을 증가시킴 **5. 환율** - 자국통화 약세는 수입품의 가격상승으로 연결시키므로 인플레이션을 수입 **6. 주택가격** - 주택가격이 상승은 장기적으로 소비증가를 유발

효율을 높이는 독서 방법 2 _ 여러 번 읽기

독서의 효율을 높이는 두 번째 방법은 같은 책을 두 번 이상 읽는 것입니다. 새로운 분야에 대한 책을 읽을 때는, 한 번 읽고 이해가 안 되는 경우가 대부분입니다. 그래서 책을 끝까지 다 읽고 나서도 시원하지 않고 뭔가 찜찜한 느낌이 듭니다.

그래서 저는 책을 읽어 나갈 때 어려운 내용들이 나오면 일단은 빠르게 읽어 나가면서 책의 흐름을 파악하는 데 집중합니다. 그리고 책을 다 읽고 난 후에 한 번 더 그 책을 정독하는 방법을 택하고 있습니다. 처음에 이해가 되지 않았던 내용이 책을 읽어가면서 자연스럽게 이해가 되는 부분이 있기 때문에 굳이 중간에 어려운 내용을 이해하는 데 시간을 많이 소요할 필요가 없습니다.

만일 완독 후에도 내용이 이해가 안 되면, 다시 읽는 방법을 통해 한 번 더 차근차근 배워 나가면 됩니다. 재테크와 관련된 독서를 한다는 것은 무언가를 배워서 그 지식을 나에게 맞게 활용하는 단계를 거쳐야 의미가 있다고 생각합니다. 독서를 통해 나에게 남는 지식이 없다면 그것은 그 시간을 낭비한 것과 다르지 않습니다. 그래서 어떻게든 자신의 지식으로 만들기 위해 효율적인 방법을 고민하면서 실천해 나가야 합니다. 참고로 저는 위 두 가지 방법을 병행하고 있으며, 여러분도 시간만 허용된다면 두 가지 방법을 모두 실천해 보기를 권합니다.

7 유튜브로 투자 실력 기르기

유튜브 플랫폼이 급성장하면서 수많은 채널들이 생겨나고 그로부터 무수한 정보들이 쏟아지고 있습니다. 재테크 관련 채널도 마찬가지입니다. 전문성과 노하우가 있는 유튜버가 나와 책이나 블로그에서 글로 설명하기에 한계가 있던 부분들을 영상을 통하여 설명하는 채널이 많아졌습니다. 덕분에 시청자들은 어려운 개념을 영상으로 쉽게 이해할 수 있게 되었습니다.

이렇듯 우리는 굳이 비용을 지불하지 않아도 재테크에 관해 공부하기에 정말 좋은 환경에서 살고 있습니다. 하지만 그럼에도 이런 플랫폼을 잘 활용하지 못하는 사람들이 많습니다. 유튜브로 먹방, 유머 채널, TV 다시보기 등을 시청하면서 자신의 가용 시간의 대부분을 써 버리는 경우가 허다합니다.

저의 경우에는 가급적이면 유튜브를 보더라도 재테크 관련 내공을 쌓을 수 있는 채널을 시청합니다. 애널리스트들을 비롯한 투자 고수들의 내공과 철학을 유튜브를 통해 무료로 볼 수 있다는 것은 큰 이득입니다. 물론 저도 처음에는 어떤 영상들을 봐야 하는지, 어떤 유튜버의 채널을 구독하는 것이 좋은지 감이 전혀 없었습니다. 그러나 점점 투자의 세계에 깊이 들어가면서 정보를 필터링할 수 있는 능력이 생겼습니다. 그럼 좋은 채널을 어떻게 찾을 수 있을까요?

1. 재테크 및 투자에 대한 전문성이 있는지 살펴보자

전문적인 지식이 없어도 한두 번은 운 좋게 수익을 낼 수 있습니다. 그러나 지속적으로 좋은 수익을 낼 수는 없습니다. 다른 사람들의 지식을 단순히 전달하는 수준의 영상도 있고 잘못된 정보를 알려주는 사람들도 있어 이런 채널은 걸러야 합니다.

2. 정보 전달력이 좋아야 한다

주식이나 부동산 등의 재테크 분야는 일반인들에게 쉽지 않은 분야입니다. 몇몇 유튜버는 본인의 지식수준에서 설명을 하다 보니, 초보자들이 이해하기 어려운 경우가 있습니다. 어려운 것을 쉽고 정확하게 전달하는 채널을 고르면 좋습니다.

3. 구독자와 소통하는 채널이면 더 좋다

SNS을 운영을 해본 분들은 아시겠지만, 크리에이터가 추구하는 방향과 실제 구독자들이 원하는 콘텐츠의 방향이 서로 다를 수 있습니다. 구독자들은 지금 당장 활용 가능한 정보들, 이슈와 관계된 콘텐츠를 원하는 경우가 많습니다. 배우는 입장에서는 궁금한 것이 비슷할 수 있으니 구독자와 소통을 하면서 피드백을 반영하는 채널을 구독하는 것이 좋습니다. 이제 이런 세 가지 요건을 만족하는 대표적인 재테크 유튜브 채널을 몇 가지 소개해 드리겠습니다.

〈수페TV〉

유튜버 수페TV 님은 미국 배당주를 메인으로 다루는 채널을 운영하며 초보자들이 쉽게 접근할 수 있는 여러 가지 투자 전략을 알려 주고 있습니다. 구독자가 현재 38만 명이 넘으며 매주 2개 이상 꾸준하게 영상을 제작해서 구독자들에게 미국 주식 시황과 함께 현재 저평가된 종목은 무엇인지 알려 주고 있습니다. 또한 시장이 하락할 때에는 과거 통계를 보여 주면서 위기를 기회로 삼을 수 있는 동기 부여를 해 주고 있습니다.

● 〈수페TV〉 채널 화면

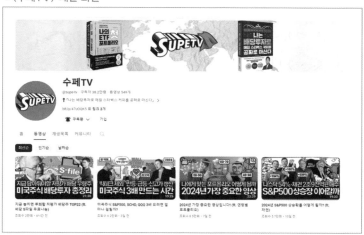

본인의 투자 철학을 일관되게 밀고 나가면서 장기 투자의 정석이란 무엇인지 몸소 보여 주고 있다 보니, 두터운 팬층을 지니고 있기도 합니다. 저도 가끔씩 주식 시장이 하락해서 심리가 흔들릴

때마다 이 채널의 영상들을 보면서 다시 장기 투자를 해 나갈 수 있는 심리적인 안정을 얻는 데 도움을 받고 있습니다

〈김영익의 경제스쿨〉

2021년 많은 전문가가 코스피의 상승을 예측했을 때, 김영익 교수님은 경제 지표 분석을 통해 코스피 하락이 예상되니 조심해야 한다는 경고를 하였습니다. 그 이후 가장 객관적으로 현재의 경기와 주식 시장을 분석해 주는 채널로 인정받으며 급성장하게 되었습니다.

●〈김영익의 경제스쿨〉 채널 화면

산업 활동 동향의 동행지수 순환변동치를 통해 현재 경기를 확인하고, 선행지수 순환변동치를 통해 앞으로의 경기를 예측할 수 있다는 지식을 구독자들에게 나누어 줍니다. 그 밖에 월간 수출입

동향 리포트와 OECD 경기선행지수 등 주식 투자와 상관도가 높은 여러 가지 지표를 소개하면서 투자자들에게 실질적으로 많은 도움을 주고 있는 채널이기도 합니다.

〈달란트 투자〉

이 채널은 국내 경제 및 기업에 관한 내용을 초보자의 눈높이에 맞게 설명해 줍니다.

● 〈달란트 투자〉 채널 화면

특히 국내에서 발생하는 주요 경제 이슈와 투자를 어떻게 연결지어 생각하고 대응해야 하는지 설명해 주고, 객관적인 데이터를 근거로 논리를 펼치고 있어서 신뢰성 측면에서 높은 점수를 주고 싶습니다. 주식을 처음 접하는 초보자라면 이 채널을 통해 주식 투자에 대한 올바른 투자관을 만들어 갈 수 있을 것입니다.

〈소수몽키〉

귀여운 캐릭터를 활용해 해외 주식을 쉽게 알려주는 채널입니다. 영상의 퀄리티가 훌륭하고 소수몽키 님의 분석력 또한 매우 뛰어납니다. SBS의 〈돈워리스쿨〉에도 출연하여 주식 투자에 대해 깊이 있는 조언을 한 바 있고 네이버 카페를 통해 직접 공부한 좋은 자료들을 공유하면서 구독자들과 소통하고 있습니다. 우량주에 투자하여 배당금을 받으면서 주식을 모아나가는 소수몽키 님의 기본 전략과 장기적인 투자에 관한 인사이트를 얻고 싶은 분들께 도움이 될 것입니다.

● 〈소수몽키〉 채널 화면

이 밖에도 추천하는 여러 채널이 있는데 이 챕터의 마지막 부분에 정리해 두었으니 참고하시기 바랍니다. 모두 제가 6개월 이상 구독을 하고 있는 채널이지만, 어떤 채널이든 맹신하지 말고 공부한다는 마음으로 보면 좋겠습니다.

8 ▶ 주식 투자로 망하는 사람의 특징

주식 투자로 돈을 버는 사람이 많을까요, 잃는 사람이 많을까요? 저는 후자가 더 많다고 생각합니다. 저는 돈을 잃은 사람들의 사례에서 공통점을 발견했습니다. 투자를 시작하기 전에 '어떻게 하면 망하는지'를 배운다면 실패 확률을 줄일 수 있을 것입니다.

공부하지 않고 투자한다

주식 투자는 어차피 운이라고 생각하여 공부하지 않고 투자하는 사람들이 많습니다. 저도 투자 초반에는 이 기업이 무슨 사업을 하는지, 매출액이 얼마나 되는지에 대한 분석도 없이 남들이 좋다고 해서 투자를 한 경우가 있었습니다. 결과는 모두 마이너스 수익률을 기록했습니다. 그때 운이 좋아 수익을 얻지 않은 게 오히려 다행이라고 생각합니다. 공부를 해야겠다고 결심할 수 있었기 때문이지요. 하루에 3~4시간씩 투자 서적을 읽고, 투자 대가들의 인사이트를 배우고, 직접 경제 지표를 체크하면서 투자를 했더니 수익률이 계속 상승했습니다. 공부를 하지 않고 투자를 한다는 것은 마치 도박하는 것과 같습니다. 대부분의 사람들이 도박은 나쁘다고 생각하면서도 주식 투자에 대해서는 왜 노력하지 않는지 의문입니다. 요행을 바라는 투자는 끝이 좋지 않습니다.

주식 방송에 나오는 종목을 매수한다

주식 투자에 관심을 가지게 되면 어쩔 수 없이 증권 TV를 많이 보게 됩니다. 방송에 나와서 설명을 하는 전문가들이 모두 고수처럼 보여 당장 그들이 말하는 종목이 오를 것 같은 느낌도 듭니다. 하지만 모든 정보를 믿어서는 안됩니다. 방송에 출연하는 전문가 중에는 섭외가 된 게 아니라 오히려 본인 돈을 들여서 출연을 요청하는 분들도 있기 때문입니다. 물론 그런 분들이 다 실력이 없다는 것은 아니지만 단순히 자신을 홍보하기 위함일 수 있으니 주의해야 합니다.

또한 과거 차트를 보여주면서 기업의 가치를 설명하는 경우가 많은데, 과거 데이터를 가지고 설명하는 것은 특별한 지식이 없어도 가능합니다. 주식 투자는 넓은 식견을 바탕으로 미래를 예측하는 것이 기본입니다. 저는 증권 TV를 보지 않은 지 좀 되었습니다. 그것보다 다양한 서적을 읽는 것이 장기적인 안목을 갖추는 데 도움이 된다고 생각하기 때문입니다.

리딩방에서 추천하는 종목을 산다

2017년 코스피 지수가 신고가를 기록하면서 주식 시장에 대한 개인들의 관심이 높아지자 카카오톡 등을 활용한 주식 '리딩방'이 활성화되었습니다. 자칭 전문가라고 하는 운영자가 종목을 추천해 주면 방에 있는 사람들은 해당 기업에 '묻지 마 투자'를 합니다.

리딩방에서 추천한 종목이 단기간에 오를 수밖에 없는 것은 사람들이 그 종목을 사들여 매수세가 붙은 탓입니다. 누군가는 그 순간을 기다려 매도를 하여 이익을 얻겠지요. 장기적으로 봤을 때도 좋지 않은 투자 방법이고 자칫하면 큰돈을 잃을 수도 있습니다. 소중한 자산을 함부로 남에게 맡기지 말고 반드시 본인의 노력과 확신으로 하는 것이 좋습니다.

남들이 사면 따라 산다

회사 직장 동료 또는 친구들과 만나면 가끔 이런 이야기가 나옵니다. "이 주식 엄청 오를 거래. 너도 지금 빨리 사!" 친한 친구에게 이런 이야기를 들으면 왜 좋은지 따지지도 않고 무조건 사고 보는 사람들이 있습니다.

하지만 이런 식으로 주식 투자를 하는 사람들 대부분은 결국 돈을 잃게 됩니다. 내가 아는 정보는 이미 다른 사람들도 다 아는 정보일 가능성이 높고, 또 잘못될 정보일 가능성도 있습니다. 투자 공부를 제대로 하고 있는 사람이라면 오히려 저런 소문이 들릴 때 매도를 고민하게 됩니다. 주식 시장에 거품이 끼기 시작하면서 하락할 확률이 높기 때문이지요. 기업의 가치를 정확히 분석하지 않고 하는 투자는 망하는 지름길이며, 설령 한두 번 운으로 수익을 낸다고 하더라도 장기적으로는 돈을 벌 수 없는 방법입니다.

투자해 놓고 무작정 기다린다

'좋은 주식을 산 후에는 잊어버려라'는 이야기를 들어 보신 적
이 있을 것입니다. 하지만 과연 그 방법이 무조건 옳을까요? 주식
투자에서는 비교적 위험이 적은 방법입니다만, 모든 기업에 해당
하는 것은 아닙니다. 포스코를 예로 들어 봅시다. 포스코는 2010
년까지만 하더라도 많은 청년들이 입사하고 싶어하는 좋은 기업
이었습니다. 하지만 2010년 이후로 주가는 계속 하락하여 현재까
지도 이전 고점을 회복하지 못하고 있습니다.

● 포스코(POSCO) 주가 10년 추이

*출처: 네이버 증권

만약 2010년에 투자해 놓고 10년 만에 계좌를 열어 보았다고
합시다. 그 투자금은 1/4로 줄어들어 있을 것입니다. 이를 보면

무조건적인 장기 투자가 답이 아님을 알 수 있습니다. 올바른 장기 투자의 핵심은 미래에도 꾸준히 성장할 기업에 투자해야 한다는 데 있습니다. 내가 투자한 기업이 여전히 가능성이 있는지 계속 살피는 노력을 병행해야 합니다.

이렇게 주식 투자로 망하는 대표적인 방법에 대하여 알아보았습니다. 지금은 '나는 저렇게 안 해야지'라고 생각하겠지만 막상 투자를 시작하면 여러 유혹이 찾아옵니다. 노력 없이는 얻어지는 것이 없다는 사실을 꼭 기억합시다.

스크루지의 핵심 정리

- 자산의 증가를 위해서는 예금이나 적금 외에 투자가 병행되어야만 합니다. 기간별, 상황별 투자 전략을 세워 실천합시다.

- 요즘은 TV, 유튜브, SNS 등 여러 플랫폼을 통해서 투자를 쉽게 공부할 수 있는 시대입니다. 시간을 절약해 주는 툴을 활용하여 남들보다 쉽고 빠르게 실력을 쌓읍시다.

- 투자를 잘 하려면 돈을 많이 버는 것보다 잃지 않는 습관을 만드는 것이 중요합니다. 투자의 세계에서는 여러 번 수익을 내도, 한 번의 실수로 모든 자금을 잃게 되는 상황이 빈번하기 때문입니다.

스크루지가 추천하는 유튜브 채널

채널명	분류	추천 이유
재테크하는 아내, 구채희	절약	가계부 작성법, 생활비 절약 팁과 같이 주부들이 공감할 수 있는 절약 방법을 배울 수 있음
재택알바남	앱테크	집에서 큰 노력없이 앱테크를 통하여 부수입을 창출하는 방법을 배울 수 있음 (단, 돈이 쌓이는 속도가 매우 낮은 앱테크도 있으니 선별적으로 수용할 것)
흙회장		
부업9단		
하늘고마		
달란트 투자	국내 주식 투자	국내경제, 기업에 대한 깊이 있는 분석을 통하여 투자 방법에 대해 배울 수 있음
lovefund이성수		오랜 투자 경험에서 우러나오는 투자 인사이트와 주식 시장에 대한 객관적인 분석을 통하여 통찰력을 배울 수 있음
수페TV	해외 주식 투자	미국 기업 및 ETF에 대한 분석을 기반으로 배당주와 3대 시장 지수에 대하여 재미있는 영상으로 다루고 있음
소수몽키		미국 배당주 투자를 실천하면서 배당금과 함께 수익도 같이 챙길 수 있는 방법을 배울 수 있음
미국주식으로 부자되기		해외 기업에 대해 소개해 주는 콘텐츠를 통하여 장기적으로 좋은 개별 기업을 공부할 수 있음
김영익의 경제스쿨	경제	국내 경제의 흐름과 거시적인 관점에서 주식 시장을 예측할 수 있는 지표를 알려 줌

스크루지가 추천하는 도서

도서명	분류	난이도	추천 이유
주식투자 무작정 따라하기	국내 주식	하	초보자들이 가장 많이 보는 주식 입문서. 증권 계좌 개설 및 아주 기초적인 내용부터 다룸
마흔 살에 시작하는 주식 공부 5일 완성	국내 주식	하	기업 분석을 어떻게 해야 하는지 단계별 설명을 통하여 쉽게 배울 수 있음
네이버 증권으로 배우는 주식투자 실전 가이드북	국내 주식	하	네이버 증권 사이트를 주식 투자에 활용하는 여러 가지 방법을 배울 수 있음
시간을 이기는 주식투자 불변의 법칙	국내 주식	중	깊이 있는 분석을 통해 어떤 투자 원칙을 가져야 하는지 생각해 볼 수 있게 함
스타강사 사경인 회계사의 재무제표 모르면 주식투자 절대로 하지마라	국내 주식	중	재무제표 보는 것이 어려운 사람을 위해 실제 사례를 들어 이해하기 쉽게 설명함
2021 상장 기업 업종 지도	국내 주식	중	국내 주식 시장에 상장된 기업들을 산업별로 분류하여 정리함
똑똑한 배당주 투자	국내 주식	중	국내 배당주 투자를 시작할 때 어떻게 접근을 해야 하는지 배울 수 있음
주식 고수들만 아는 애널리스트 리포트 200% 활용법	국내 주식	중	애널리스트 리포트에서 어떤 내용을 중점적으로 봐야 하는지 알 수 있음
주식 투자, 전자 공시로 끝장내기	국내 주식	중	전자 공시에서 발표되는 여러 가지 정보들에 대해 항목별로 쉽게 풀어내고 있음
잠든 사이 월급 버는 미국 배당주 투자	해외 주식	중	미국 주식 시장에 상장된 개별 기업을 배당금 위주의 투자 방식으로 설명함
주식 투자 무작정 따라하기 2	ETF	하	주식 투자 무작정 따라하기 ETF편. ETF 투자 초보자들이 읽으면 좋은 책
개인투자보다 안전하고 외국인과 기관투자보다 승률 높은 ETF 투자 실전 가이드북	ETF	하	다양한 ETF 상품에 대하여 어떤 식으로 접근하고 투자해야 하는지 알려 줌
해외 ETF 백과사전	ETF	하	다양한 해외 ETF 상품에 대하여 어떻게 접근하고 투자해야 하는지 알려 줌
동일비중 포트폴리오 전략으로 가치투자하라	포트폴리오	중	포트폴리오를 만들어 본격적으로 운영해 보고 싶은 입문자에게 권하는 책
마법의 연금 굴리기	포트폴리오	중	연금계좌에서 장기적으로 수익률을 낼 수 있는 포트폴리오를 소개하는 책
절대수익 투자법칙	포트폴리오	중	올웨더 포트폴리오를 분석하여 포트폴리오를 안정적으로 구축할 수 있게 도움을 줌
금리는 주식 시장의 미래를 알고 있다	경제	중	주식 시장에 영향을 주는 금리에 대하여 쉽게 공부하기 좋은 책
환율과 금리로 보는 앞으로 3년 경제전쟁의 미래	경제	중	환율과 금리의 변화를 통해 경제 상황을 읽는 방법을 공부할 수 있음
채권투자 핵심 노하우	채권	중	채권 투자에 대하여 기본 이론부터 심화 내용까지 한 권으로 살펴볼 수 있음

PART5

자산 불리기

실전편

Cartoon

1. 펀드로 투자 시작하기

저도 30대 초반에 펀드로 투자를 처음 시작했습니다. 시중 금리가 낮았던 때라 은행 이자의 2배만큼만 수익을 내 보자는 생각으로 접근했고 안정적으로 수익을 내기 위해 적립식으로 투자했습니다. '적립식' 투자는 말 그대로 은행에 매달 적금을 넣듯 해당 투자 상품에 매달 일정 금액을 넣는 것으로, 한 번에 투자금을 모두 넣는 '거치식'과는 차이가 있습니다.

적립식으로 투자하면 매달 다른 가격대에 매입하게 되므로 어느 정도 매입 평균 단가가 낮아지는 효과가 있습니다. 펀드의 가격이 하락하면 더 많은 수량을 매수하고, 가격이 올라가면 적게 매수를 하게 되므로 평균 매입 가격이 낮아지는 것이죠. 이를 '코스트 에버리징(Cost Averaging)'이라고 합니다. 현재 투자하려는 상품의 가격이 저점인지 고점인지 확신이 안 서는 경우에는 적립식 투자가 좋은 방법이 될 수 있습니다.

그렇다면 여러 펀드 상품 중에서 어느 펀드를 선택하는 것이 좋을까요? 전혀 감이 잡히지 않는 분들을 위해 사이트 하나를 소개하려고 합니다.

바로 〈펀드 슈퍼마켓〉이라는 사이트입니다. 이 사이트는 초보자들이 펀드에 대해 검색해 볼 수 있는 아주 유용한 사이트입니다. 국내 상품인지 해외 상품인지 혹은 일반 펀드인지 연금 펀드인지, 또 위험도는 어느 정도 되는지 등 다양하게 검색할 수 있는 장점이 있습니다.

● 〈펀드 슈퍼마켓〉 사이트 검색 화면

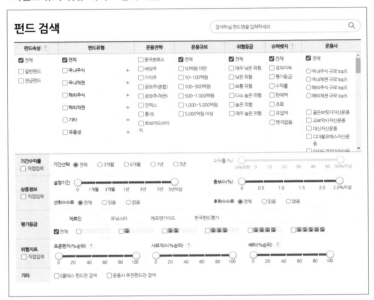

자신이 원하는 조건을 선택해 검색하면 여러 가지 상품이 나옵니다. 펀드의 상품명이 다소 긴 탓에 초보자들은 지레 겁을 먹기도 하고 이해하기 어려워하는 경우가 있습니다. 하지만 규칙만 알면 앞으로 펀드명만 보고도 어떤 투자 상품인지 쉽게 유추할 수 있을 것입니다.

펀드명 읽는 법

펀드명의 구성 방식은 아래와 같이 정리할 수 있습니다. 이해를 위해 '피델리티차이나증권자투자신탁(주식)S'라는 상품을 예로 들어 살펴보겠습니다.

● 펀드명 구성 방식

피델리티	운용사	펀드를 운용하고 있는 회사명
차이나	투자 국가	펀드가 투자하는 국가명
증권	자산 종류	펀드의 운용자금을 어디에 투자하고 있는지 (증권, 주식, 채권, 부동산 등)
자	모/자 구분	모 펀드, 자 펀드 구분
투자 신탁	법적 성격	펀드의 대부분은 투자 신탁형으로 만들어짐
주식	주 운용 자산	운용 자산의 대표적인 성격을 나타냄 (주식형, 채권형, 주식 혼합형, 채권 혼합형으로 구분됨)
S	수수료 구분	펀드의 수수료 구조를 나타내는 구분

운용사

말 그대로 펀드를 운용하는 자산 운용사를 뜻합니다. 미래에셋, 삼성, 신영 등의 국내 운용사 및 피델리티, 블랙록 등과 같은 해외 운용사의 이름이 펀드명 맨 앞에 나옵니다. 운용사의 유명도로 펀드를 판단하는 것보다 해당 운용사가 잘 운용하는 펀드 스타일을 찾는 것이 핵심입니다.

투자 국가

펀드명에서 운용사 다음으로는 해당 펀드가 투자하고 있는 국

가명을 기재합니다. 성장이 기대되는 기업들은 국내보다 해외에
더 많습니다. 시야를 넓혀서 전 세계에 분산 투자하는 것이 좋습
니다.

자산 종류

해당 펀드가 투자하고 있는 자산이 무엇인지도 펀드명에서 찾
을 수 있습니다. 주식, 채권, 원자재 등 다양한 섹터에 투자가 가능
하며 본인 성향에 따라 선택하면 됩니다. 포트폴리오를 구성할 때
주식형 펀드, 채권형 펀드 등 골고루 구성하여 투자하면 하락장에
서도 잘 견딜 수 있습니다.

모 · 자 구분

모는 모(母)펀드, 자는 자(子)펀드를 의미합니다. 펀드명에 '자'
라는 말이 붙어 있다면 해당 펀드는 '모자형 펀드 구조'라는 뜻입
니다. 이는 여러 개의 자펀드를 모아 모펀드에 투자하는 구조입니
다. 자펀드는 모펀드에 투자하고, 모펀드가 운용하여 획득하는 수
익을 가지는 겁니다. 초보자인 경우 이 부분은 크게 신경 쓰지 않
아도 됩니다.

법적 성격

펀드의 법적 성격을 뜻하는 부분으로, 가입 가능한 대부분의 펀

드는 투자 신탁형이라고 보면 됩니다. 이 부분도 지금 단계에서는 크게 의미를 두지 않아도 됩니다.

주 운용 자산

펀드가 투자하고 있는 투자 비중에 따라 주식형, 채권형, 혼합형 등으로 구분이 되는데요. 주식형의 경우는 자산의 60% 이상을 주식에 투자하는 것이고, 채권형의 경우에는 주식에 투자하지 않고 채권에 자산의 60% 이상을 투자하는 것을 말합니다. 혼합형은 주식 혼합형과 채권 혼합형이 있는데, 주식 투자 비중이 50% 이상이면 주식 혼합형, 50% 미만이면 채권 혼합형으로 봅니다.

수수료 구분

펀드 가입 시 수수료도 반드시 확인해야 합니다. 크게 'A클래스'와 'C클래스'로 구분이 됩니다. A클래스는 펀드 가입 시 판매사에 선취 수수료를 내지만 매년 운용 보수는 C클래스보다 저렴합니다. C클래스는 선취 수수료가 없는 대신, 매년 운용 보수가 A클래스에 비해 상대적으로 높습니다. 증권사마다 수수료 정책이 다를 수 있으나, 대체로 장기 투자자라면 운용 보수가 저렴한 A클래스가 조금 더 유리합니다. 수수료에 관한 내용은 뒤에서 더 상세히 다루겠습니다.

좋은 펀드 고르는 법

펀드를 처음 접하는 사람들은 펀드명 읽는 방법을 몰라 단순히 최근 수익률이 제일 높은 펀드에 투자하는 실수를 저지르는데, 현재 수익률이 높다고 미래의 수익률을 보장해 주는 것은 아니기 때문에 주의해서 펀드를 골라야 합니다. 지금부터 펀드를 고르는 몇 가지 팁을 알려드리겠습니다.

① 어디에 투자를 할 것인지 정하자

펀드는 다양한 곳에 투자하고 있으므로 우선 투자할 대상을 정해야 합니다. '국내 주식, 국내 채권, 해외 주식, 해외 채권' 이 4가지 중에서 하나를 정합니다. 다음은 어느 나라의 어떤 섹터(분야)에 투자를 할 것인지를 정해야 합니다. 현재 잘나가는 분야에 투자하는 것보다는 앞으로 성장이 기대되는 분야에 투자하는 것이 좋습니다. 만약 투자 경험과 지식이 부족해서 어느 섹터에 투자할 것인지를 정하기 어렵다면 특정 국가에 투자하는 방법도 있습니다. 예를 들어 미국에 투자하는 것이 유망하다고 생각되면 미국 주식에 투자하는 펀드를 선택하면 됩니다.

② 해당 펀드의 장기 수익률을 체크하자

최근 수익률이 좋은 펀드만 골라서 투자하다가 실패하는 사람들을 많이 보았습니다. 장기적인 수익률은 확인하지 않고 일시적인 관심에 의한 단기 수익률만 본 결과입니다. 투자 시에는 반드시 장기 수익률도 같이 체크를 하면서 꾸준하게 투자할 가치가 있는 좋은 펀드인지 판단해야 합니다.

예를 들어 2017년 베트남 펀드 열풍이 불던 때에 너도나도 베트남 펀드에 가입하는 상황이 발생했는데 현재 베트남 주식은 2018년 4월의 고점을 아직도 회복하지 못하고 있습니다(2020년 10월 기준).

● 〈펀드 슈퍼마켓〉의 펀드 수익률 정보 화면

또한 최근에 출시된 펀드 상품의 경우에는 장기 수익률 정보가 없기 때문에 아무리 좋은 상품이라고 홍보해도 성급하게 투자하지 말고 펀드의 수익률을 1년 이상 지켜보는 것이 좋습니다. 펀드의 수익률 저하로 갑자기 판매 종료되는 경우도 많다 보니, 최소 5년 이상 안정적으로 운용되고 있는 펀드를 대상으로 고르는 것이 좋습니다.

투자에서는 어떤 일이 생길지 예상을 할 수가 없으므로, 온갖 위기 상황 속에서도 굳건히 살아남는 펀드를 대상으로 선택해야 손해 보지 않습니다.

③ 벤치마크 대비 수익률이 좋은 펀드를 고르자

펀드에서 '벤치마크' 대비 얼마나 수익이 나고 있는가?' 하는 것은 장기 수익률만큼 중요한 것입니다. 벤치마크는 펀드의 운용 성과를 평가하기 위해 비교 대상으로 삼는 기준을 말하는데, 해당 펀드의 성과를 판단하는 지표로 활용되기도 합니다.

● A펀드의 비교 지수 대비 수익률

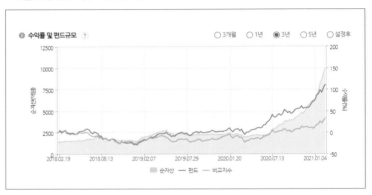

위 차트를 보면 해당 펀드의 수익률이 벤치마크보다 월등히 높은 것을 알 수가 있습니다. 이처럼 펀드의 장기 수익률과 함께 벤치마크 대비 얼마나 수익이 높은지 같이 체크하는 습관을 들이도록 합시다.

---

* 벤치마크(Benchmark) : 사전적인 의미는 '비교 평가 대상'이며, 주식 시장에서는 주식이나 펀드의 수익률을 평가할 때 기준이 되는 지표 및 비교 지수를 의미한다. 벤치마크보다 투자 수익률이 높으면 초과 수익을 달성한 성공적인 투자로 본다.

④ 펀드의 운용 규모를 반드시 체크하자

펀드의 이름만 보고 섣부르게 투자를 해서는 안 되고, 그 펀드의 운용 규모를 반드시 체크해야 합니다. 또 운용 규모가 적은 펀드보다는 대규모 펀드 위주로 선택하는 것이 좋습니다. 운용 액수가 많다는 것은 그만큼 많은 사람이 투자할 만큼 좋은 펀드라는 의미이기 때문입니다. 그래야 장기간 안정적으로 운용될 수 있습니다. 따라서 운용 규모가 최소 500억 원 이상 되는 펀드를 고르도록 합시다.

⑤ 펀드 평가 등급을 확인하자

펀드마다 등급이 부여되는데, 이 등급은 4개 기관에서 수익과 위험을 모두 고려해서 좋은 상품인지 평가 하여 부여합니다. 최근 수익률이 높다고 좋은 평가 등급을 받는 것이 아니라, 1년 이상의 여러 가지 운용 성과 등을 평가하여 등급이 부여되기 때문에 평가 등급이 높을수록 좋은 펀드라고 할 수 있습니다. 태극마크로 등급이 부여되는데, 적어도 4개 이상 표기된 펀드를 선택하는 것을 추천합니다.

● 〈펀드 슈퍼마켓〉의 펀드 평가 등급 정보

AB 미국그로스증권투자신탁 (주식-재간접형) S
수수료후취·온라인슈퍼

유형	해외주식형	총보수	투설직접확인			3M	8.47%
규모	초대형급(14,624억원)	유입액(1M)	▲ 347.88억원	다소높은위험	제로인	6M	30.96%
기준가	2,109.48 ▼ 21.84 (-1.02%)	판매액(1M)	▲ 5.43억원			1Y	31.62%
						3Y	63.94%

⑥ 자신의 투자 성향에 맞는 위험 등급을 선택하자

투자를 처음 시작한 분들은 원금 손실에 대한 두려움이 꽤 클 것입니다. 그런데 이런 성향에도 불구하고 수익률이 높은 펀드에만 투자하다가 금융 위기, 코로나19와 같은 경제 위기 상황에서 수익률이 −30% 가까이 내려가면, 다른 일에 집중하지 못하고 펀드를 지금 뺄지 말지 계속 신경 쓰게 됩니다. 펀드는 저마다 위험 등급이 측정되는데, 매우 낮은 위험부터 매우 높은 위험까지 약 6단계로 나뉘어 있습니다. 본인이 투자에 처음이라 안정적으로 투자하고 싶다면 위험 등급이 낮은 펀드를 고르는 것이 좋습니다. 투자 경력이 쌓이고 나면 점점 고수익률을 얻을 수 있는 위험 등급이 높은 상품으로 갈아타는 것을 추천합니다.

⑦ 수수료 및 보수가 저렴한 펀드를 고르자

펀드를 매수할 때 발생하는 비용에는 크게 '수수료'와 '보수'가 있습니다. 수수료는 펀드를 구매하거나 팔 때 한 번만 내는 비용이고, 보수는 펀드를 보유하는 동안 매년 발생하는 비용입니다. 그래서 두 가지의 비용을 명확하게 알고 있어야 합니다.

수수료에는 '선취·후취·환매 수수료'가 있는데, 선취 수수료는 펀드를 투자할 때 판매 회사에 투자 금액의 일정 비율을 지불하는 것을 말하고, 후취 수수료는 펀드를 환매할 때 해당 금액의 일정 비율을 지불하는 것을 말합니다. 즉 펀드를 매수할 때 내면 선취 수수료, 펀드를 매도할 때 내면 후취 수수료입니다. 그리고 환매 수수료는 펀드를 정해진 기준 날짜보다 일찍 환매하는 경우에 발생하는 페널티라고 생각하면 됩니다. 발생한 수익의 일부를 수수료로 지불해야 합니다.

보수에는 '판매·운용·사무관리 보수' 등이 있습니다. 특히 운용 보수를 잘 살펴볼 필요가 있습니다. 운용 보수는 1회만 납부하는 수수료와는 달리 주기적으로 차감이 되는 비용입니다. 펀드 매니저 월급이나 기타 펀드를 운용하는 데 들어가는 비용을 운용 보수라고 생각하면 쉽습니다.

운용 보수는 투자금에서 빠져 나가는 것이 아니라 펀드 가격에 반영이 됩니다. 예를 들어 똑같이 1년에 10% 기대 수익률을 보이는 펀드 A와 B가 있다고 합시다. 기대 수익률은 같더라도 펀드의 운용 보수에 따라 실제 수익률이 달라집니다. 따라서 자신의 투자 스타일에 따라 클래스를 골라야 합니다.

'미래에셋차이나그로스증권자투자신탁'이라는 펀드를 예로 들어 클래스에 따른 수수료 및 운용 보수를 비교해 보겠습니다. 다음 표를 보면 같은 곳에 투자하는 펀드라도 운용 보수가 클래스에 따라 달라지는 것을 알 수 있습니다. 따라서 펀드 유형을 정한 후에는 반드시 수수료를 꼼꼼히 체크하여 가급적 비용이 덜 나가는 클래스를 선택해야 합니다.

●수수료 및 운용 보수 차이 비교

다른 클래스 비용 비교

클래스(펀드명)	판매수수료		보수(연간,%)			환매수수료
	선취	후취	총보수	판매보수	운용 등	
미래에셋차이나그로스증권자투자신탁1(주식)종류A	투자금액의 1% 이내		1.58	0.70		없음
미래에셋차이나그로스증권자투자신탁1(주식)종류C-P2e			1.24	0.36	운용 0.80	없음
미래에셋차이나그로스증권자투자신탁1(주식)종류C-Pe			1.33	0.45	수탁 0.05 / 사무 0.03	없음
미래에셋차이나그로스증권자투자신탁1(주식)종류S		3년미만 환매시 환매금액의 0.15% 이내	1.23	0.35		없음
부과시기	매입시	환매시			최초 보수계산일로부터 제 3개월	환매시

A와 C클래스 외에도 펀드 슈퍼마켓에서 판매하는 S형도 있습니다. S형은 선취·후취 수수료가 없고 보수도 A와 C클래스에 비해 저렴합니다. 요즘은 온라인 전용 펀드를 뜻하는 'e'를 붙인 상품도 있습니다. 이는 온라인 전용 펀드로 수수료가 조금 더 저렴한 경우가 많습니다. 하지만 펀드 계좌를 만든 증권사마다 수수료 정책이 다를 수 있으므로 펀드 매수를 하기 전에 반드시 한 번 더 체크하기 바랍니다.

●펀드 클래스의 종류

클래스 구분	설명
A	1회성 선취 수수료 내는 대신, 매년 운용 보수는 C클래스에 비해 저렴
C	선취 수수료가 없는 대신, 매년 운용 보수는 A클래스에 비해 높음
A-e	A클래스의 온라인 전용 펀드
C-e	C클래스의 온라인 전용 펀드
S	'펀드 슈퍼마켓'에서 판매하는 펀드
P	연금 계좌 전용 펀드
P2	퇴직연금 계좌 전용 펀드
Pe, P2e	연금 계좌 및 퇴직연금 온라인 전용 펀드

⑧ 운용 인력의 변경 사항을 확인하자

펀드 투자 설명서를 보면 운용 인력을 확인할 수 있습니다. 혹 담당자가 자주 바뀌었다면 원하는 성과를 내지 못하는 펀드일 가능성이 높으니 주의해야 합니다. 오랫동안 한 담당자가 운용하는 펀드는 수익률이 좋은 펀드일 가능성이 높습니다. 다소 귀찮더라도 귀중한 자산이 투자되는 것이니 꼼꼼히 살펴봐야 합니다. 이렇게 좋은 펀드를 추려낸 후, 우선 하나의 펀드에만 소액으로 매달 적립하는 방식으로 투자해 볼 것을 추천합니다. 마치 은행에 적금을 넣듯이 투자하다 보면 어느 정도 목돈이 쌓이고 수익금도 커지게 됩니다. 이후 펀드 투자에 대한 감이 생기면 추가로 다른 펀드를 매수하여 다양한 국가와 섹터에 분산 투자하면 됩니다. 다시 한번 강조하지만 투자는 당장 필요하지 않은 돈으로, 안목을 키운 후에 해야 합니다.

② 주식 투자 단계와 방법

앞서 초보자들이 투자를 처음 시작할 때 펀드로 입문하는 것을 추천했습니다. 그 이유는 개별 종목을 고르는 것보다는 펀드 매니저가 운용하는 상품 중에서 좋은 펀드를 고르는 것이 조금 더 수월하기 때문입니다.

이렇게 펀드 투자를 2~3년 정도 하다 보면 펀드 운용 수수료가 비싸다고 생각할 때가 옵니다. 주식은 펀드와 다르게 펀드 매니저가 없기 때문에 수수료가 평균 약 0.1%로 펀드에 비해 저렴합니다. 이렇다 보니 연간 약 1% 이상의 수수료를 주면서까지 굳이 펀드 투자를 할 필요는 없겠다는 생각이 자연히 들게 되지요. 이때 주식 시장으로 넘어오면 됩니다.

저도 2014년 초에 펀드 투자로 재테크에 입문했는데 수수료가 누적되어 제법 큰 금액이 지출되는 것을 깨닫고부터는 펀드 투자를 그만두고 주식과 ETF 투자로 방향을 돌렸습니다. 물론 스스로 투자에 대해 내공이 부족하다고 생각하거나 직접 투자할 용기가 나지 않는 분들은 계속 펀드로 투자를 해도 괜찮습니다.

이제 펀드에서 주식 투자로 넘어올 때 어떤 단계를 거치면 좋은지 알려드릴게요. 참고로 주식 계좌 개설에 관해서는 여기서 다루지는 않습니다. 요즘 여러 블로그에 워낙 정리가 잘 되어 있으니 계좌 개설에 관한 것은 인터넷 자료를 참고하기 바랍니다.

주식 투자 관련 도서 20권 이상 읽기

어떤 분야든 처음 공부를 시작할 때는 책만큼 좋은 도구도 없습니다. 책에는 저자의 노하우가 200~300페이지에 함축되어 있기 때문에 단시간에 해당 분야 전문가의 지식을 훑을 수 있습니다. 주식 공부도 마찬가지입니다. 요즘 서점에 가보면 주식 투자와 관련된 책들이 정말 많습니다. 때문에 주식을 막 시작한 분들은 어떤 책부터, 얼마나 많은 책을 읽어야 하는지 혼란스러울 수 있습니다.

제 경우에는 투자를 시작하면서 일주일에 한 권은 꼭 읽었습니다. 현재까지 약 150권 이상의 책을 읽었네요. 읽은 책의 권수가 그 사람의 투자 능력을 대변해 주는 것은 아니지만, 책을 읽어 나가면서 하루하루 지식수준이 달라지는 것은 틀림없습니다. 아는 것이 많아지고 시야가 넓어지면 기업을 보는 눈이 바뀝니다. 또한 투자 대가들의 전략을 공부하면서 투자할 기업을 고를 때 어떤 부분을 유심히 봐야 하는지도 참고할 수 있습니다.

잘못된 투자 유형 중의 하나가 공부를 전혀 하지 않고 잃어도 된다는 생각으로 '묻지 마 투자'를 하는 것입니다. 잃어도 되는 돈이란 없습니다. 그렇게 할 거면 차라리 그 돈으로 기부를 하는 것이 훨씬 낫습니다. 조급함을 버리고 공부하면서 투자한다면 주식은 자산을 증식시킬 수 있는 좋은 방법입니다.

투자에 관련된 도서는 〈PART 4〉 마지막에 정리해 둔 리스트를 참고해 자신의 수준에 맞는 책부터 읽어 나가면 됩니다. 참고로 차트 분석에 관한 책은 주식을 처음 시작하는 분들이 읽으면 잘못된 투자 방법을 배우게 될 확률이 높으니 주의하시기 바랍니다. 주식은 기업 분석(기본적 분석)이 우선이며, 차트(기술적 분석)는 보조 지표로 활용되어야 한다고 생각합니다.

기업 분석 및 사이트 추천

주식 투자에 대해 어느 정도 지식이 쌓였으면 이제 투자할 기업을 정해야 합니다. 기업 선정 기준에는 정답이 없습니다. 자신이 가장 잘 아는 분야에 투자를 할 수도 있고, 미래의 성장 가능성을 보고 투자할 수도 있기 때문입니다. 예를 들어, 자신이 삼성전자의 스마트폰이나 PC를 좋아해서 앞으로도 삼성전자가 우리나라 1등 기업의 자리를 놓치지 않을 거라는 마음으로 투자할 수도 있습니다. 또 너구리, 신라면, 양파링 같은 상품을 자주 구매한다면 농심 주식을 구매할 수도 있겠지요. 이처럼 개인의 성향과 관심 분야에 따라 투자 대상 기업은 얼마든지 달라질 수 있습니다.

여러분이 투자하고 싶은 기업을 하나 정했다면 그 다음은 이 회사의 사업을 살펴야 합니다. 성장 가능성이 있는지, 회사 자본에는 문제가 없는지 등 꼼꼼하게 기업 분석을 해야 합니다. 생각해 보세요. 인터넷으로 물건을 하나 사더라도 이 상품의 질이 좋은지, 나에게 어울리는지, 다른 고객의 구매평은 어떤지를 살피지 않나요? 주식을 살 때도 마찬가지입니다. 하지만 기업 분석을 처음 하는 사람들은 어디서 자료를 수집해서 기업을 분석해야 하는지에 대한 감이 전혀 없습니다. 그리고 인터넷에 검색해 봐도 기업 분석 방법에 대해 자세하게 정리된 글이 많지 않습니다. 그래서 초보자들이 기업을 분석할 때 데이터를 참고할 수 있는 몇 가지 사이트를 알려드리겠습니다.

① 네이버 증권

　네이버는 가장 대중적인 플랫폼입니다. 그렇다 보니 네이버의 '증권' 카테고리도 이미 많은 분들이 이용하고 있습니다.

● 〈네이버〉 메인에서 증권 바로 가기

　증권탭을 클릭하면 검색창을 비롯해 주요 뉴스와 당일 증시 등 다양한 정보가 뜹니다. 우리는 이 화면에서 검색창을 활용해 투자하고자 결정한 기업을 검색하면 됩니다. 기업을 검색하면 제일 중요한 매출과 관련된 실적 부분, 동일 업종 간의 비교 데이터, 투자자별 매매 동향 등을 확인할 수 있습니다. 투자자별 매매 동향 페이지에서는 현재 주가를 끌어올리고 있는 주체가 누구인지 확인할 수 있습니다. 개인이 많이 사는 종목보다는 기관과 외국인이 매수하고 있는 종목의 주가가 오를 확률이 더 높으므로 매수 혹은 매도 시점을 판단할 때 활용하면 좋습니다.

　또한 뉴스 공시 메뉴에서는 해당 기업과 관련된 뉴스를 모아서 볼 수 있고, 전자 공시 메뉴에서는 바로 뒤에서 다룰 〈DART(전자 공시 시스템)〉 사이트의 공시 자료를 페이지 내에서 바로 볼 수 있어 편리합니다.

● 주요 재무 정보 화면

주요재무정보	최근 연간 실적				최근 분기 실적					
	2017.12	2018.12	2019.12	2020.12(E)	2019.06	2019.09	2019.12	2020.03	2020.06	2020.09(E)
	IFRS 연결	IFRS 연결	IFRS 연결	IFRS 연결	IFRS 연결	IFRS 연결	IFRS 연결	IFRS 연결	IFRS 연결	IFRS 연결
매출액(억원)	2,395,754	2,437,714	2,304,009	2,381,124	561,271	620,035	598,848	553,252	529,661	639,082
영업이익(억원)	536,450	588,867	277,685	370,283	65,971	77,779	71,603	64,473	81,463	102,603
당기순이익(억원)	421,867	443,449	217,389	278,643	51,806	62,877	52,270	48,849	55,551	77,786
영업이익률(%)	22.39	24.16	12.05	15.55	11.75	12.54	11.96	11.65	15.38	16.05
순이익률(%)	17.61	18.19	9.44	11.70	9.23	10.14	8.73	8.83	10.49	12.17
ROE(%)	21.01	19.63	8.69	10.48	13.23	10.05	8.69	8.45	8.49	
부채비율(%)	40.68	36.97	34.12		33.05	34.14	34.12	34.19	32.67	
당좌비율(%)	181.61	204.12	233.57		230.74	235.80	233.57	237.80	250.04	
유보율(%)	24,536.12	27,531.92	28,856.02		28,129.35	28,541.64	28,856.02	29,134.12	29,477.97	
EPS(원)	5,421	6,024	3,166	4,085	746	899	770	720	808	1,224
PER(배)	9.40	6.42	17.63	14.91	10.48	13.73	17.63	15.24	16.52	47.56
BPS(원)	30,427	35,342	37,528	40,438	36,789	37,600	37,528	38,053	38,534	
PBR(배)	1.67	1.09	1.49	1.51	1.28	1.30	1.49	1.25	1.37	
주당배당금(원)	850	1,416	1,416	1,475						
시가배당률(%)	1.67	3.66	2.54							
배당성향(%)	14.09	21.92	44.73							

이렇게 편리한 메뉴도 많지만 '종목 토론실'이라는 게시판을 보는 것은 그다지 추천하고 싶지 않습니다. 투자에 도움되는 정보는 거의 없고 쓸데없는 비방글이나 근거 없는 매수 추천 글들이 대부분이기 때문입니다.

주식 투자를 할 때는 소음과 정보를 구분하는 것이 매우 중요합니다. 주위의 소문과 잡음에 쉽게 흔들리는 사람은 주식 투자를 꾸준히 해 나가기 어렵습니다. 근거 자료도 없이 주변의 말에 흔들려서 매수나 매도를 하면 후회는 물론이고 큰 손실이 발생할 수 있습니다. 공부를 지속하면서 올바른 투자관을 갖도록 노력해야 합니다.

② 전자 공시시스템 DART

'공시'는 기업의 사업 내용이나 실적 등 주요 내용을 알리는 제도입니다. 이는 주식 시장에서의 공정한 가격 형성을 목적으로 합니다. 투자자들이 해당 기업에 대하여 정확히 알고 투자하기 위해서도 꼭 필요한 제도라고 할 수 있습니다.

뉴스만으로는 기업에서 어떤 일이 벌어지고 있는지 다 알기 힘들고 또 큰 이슈 위주로 다루어지기 때문에, 정보를 부분적으로만 파악하게 됩니다. 이럴 때 DART 사이트를 이용하면 해당 기업에 대해 더욱 세밀하게 알 수 있습니다.

●〈DART〉내 삼성전자 공시 리스트

특히 사업 보고서, 반기 보고서, 분기 보고서는 투자자들이 기업에 투자를 할 때 반드시 읽어봐야 하는 공시입니다. 해당 보고서에는 회사의 개요부터 사업의 내용, 재무제표, 임직원 현황 등 방대한 정보들이 담겨 있습니다. 또한 회사의 내부자들이 주식을 매수하는 것까지 다 알려주기 때문에 이를 매수 신호로 판단하여 투자를 할 수도 있습니다. 이렇듯 전자 공시에서 발행되는 보고서는 마치 시험의 족보와 같아서 이것을 확인하는 사람과 그렇지 않은 사람의 차이는 클 수밖에 없습니다.

③ 한경컨센서스

자신이 투자하기로 결정한 기업을 전문가들은 어떻게 생각하는지 궁금할 때가 있습니다. 이럴 때 애널리스트 리포트를 확인할 수 있는 사이트가 있습니다. 바로 〈한경컨센서스〉입니다.

물론 전문가의 말도 전부 맞는 것은 아니므로 무조건 신뢰하는 것은 안 좋습니다만, 그래도 우리보다는 정보력이 좋고 데이터 분석력도 뛰어나니 참고를 할 부분은 분명 있습니다.

한경컨센서스에 접속하면 기업, 산업, 시장, 경제 등 여러 카테고리별로 분류된 리포트들을 볼 수 있고 검색 기능이 있어서 원하는 기업에 관한 정보도 쉽게 찾을 수 있습니다. PDF 파일로도 내려 받을 수 있으니 출퇴근 시 읽으면 주식 투자에 큰 도움이 될 것입니다.

●〈한경컨센서스〉화면

한경컨센서스 2020-09-15 ～ 2020-10-15 전체 ▼ 기업 ▼ 검색 🔍종목

전체 **기업** 산업 시장 파생 경제 상향 하향 기업정보

LIST **20** 50 90

작성일	제목	작성가격	투자의견	작성자	제공출처	기업정보	차트	첨부파일
2020-10-15	NAVER(035420)본업과 LINE 실적 제외...	400,000	Buy	박지원	교보증권			
2020-10-15	빅히트엔터테인먼트(352820)팬덤 경...	0	-	지인해	한화투자증권			
2020-10-15	쌍용양회(003410)늘린만큼 튀어오를	8,000	Buy	송유림,이재연	한화투자증권			
2020-10-15	현대차(005380)이제부터 시작되는 실...	220,000	Buy	김동하,박운오	한화투자증권			
2020-10-15	이마트(139480)시장 예상을 뛰어넘은 ...	190,000	Buy	차준영	하이투자증권			
2020-10-15	삼성엔지니어링(028050)수주 성과가 ...	15,000	Buy	김기룡	유안타증권			
2020-10-15	GS건설(006360)양호한 실적 , 든든한 ...	33,000	Buy	김기룡	유안타증권			
2020-10-15	덴티움(145720)분기 최대 중국 매출 ...	0	nr	한경래	대신증권			
2020-10-15	Morning Meeting Brief	0	-	리서치센터	대신증권			
2020-10-15	SK텔레콤(017670)좋은 소식 두 가지	350,000	Buy	김회재	대신증권			
2020-10-15	파워넷(177830)의료기기 제조 사업 ...	0	Not Rated	이소중	SK증권			
2020-10-15	테이팩스(055490)에슬라향 2 차전지용...	0	Not Rated	박진솔	SK증권			
2020-10-15	비나텍(126340)수소연료전지 핵심 소 ...	0	Not Rated	나승두	SK증권			
2020-10-15	LG디스플레이(034220)3Q20 Preview (2...	21,000	Buy	이승우	유진투자증권			
2020-10-15	SK텔레콤(017670)모빌리티 사업 분할...	310,000	Buy	이승웅	유진투자증권			
2020-10-15	빅히트엔터테인먼트(352820)엔터계의...	212,000	Buy	안진아	이베스트증권			
2020-10-15	APS시스템(265520)인고의 시간	28,000	Buy	김소원	키움증권			
2020-10-15	이마트(139480)쑥 올라간다	210,000	Buy	박상준,조영환	키움증권			

　한 가지 주의할 점은, 애널리스트 리포트에는 '매도'에 관한 의견이 거의 없다는 것입니다. 일단 애널리스트는 자신이 조사한 기업의 정보를 누구보다 많이 알아야 하므로 회사의 IR 담당자와 관계가 좋아야 합니다. 그런데 이 기업에 대한 보고서에 매도 의견을 기재한다면 어느 회사가 좋아할까요? 그러니 관계 유지를 위해서라도 매도 의견을 기입하지 않는 경우가 많습니다. 또 매도 의견이나 기업에 대한 부정적인 의견을 쓰면 그 종목을 보유한 개인 투자자들이 그 보고서를 쓴 애널리스트에게 협박이나 항의를 하기도 합니다. 이를 보면 아직 국내 주식 시장에는 올바른 투자 문화가 정착되지 않은 것 같기도 합니다.

④ 에프앤가이드 상장 기업 분석

네이버 증권에서도 기업에 대한 데이터를 제공하지만 더 많은
데이터를 보고 싶은 경우 〈에프앤가이드 상장 기업 분석〉 사이트
를 이용하면 됩니다.

● 〈에프앤가이드 상장 기업 분석〉 사이트

주식 투자는 현재 사업을 잘 하는 기업이 아니라 앞으로 돈을
잘 벌어 들일 기업에 투자를 해야 합니다. 그래서 컨센서스 데이
터가 중요합니다. 기업별로 제공되고 있는 범위는 조금씩 다르지
만, 이 사이트에는 기업의 2년 뒤 예상 매출액을 확인할 수 있습니
다. 또 컨센서스 데이터를 기반으로 주가가 어느 정도까지 오를지

대략적으로 예측해서 투자를 할 수도 있습니다.

이 사이트의 또 다른 장점은 리포트 요약 기능이 제공된다는 것입니다. 해당 기업과 관련된 모든 리포트를 다 읽어보는 것이 가장 좋겠지만, 직장을 다니면서 그렇게 하는 건 어렵습니다. 그런 분들은 '요약 리포트' 탭에서 정리된 리포트 내용과 목표주가까지 함께 확인할 수 있습니다.

지금까지 소개해 드린 네 가지 사이트 외에도 투자를 할 때 활용할 수 있는 사이트가 많지만, 초보 투자자가 이 정도만 활용해도 굉장히 훌륭하다고 생각합니다. 정보는 자신이 노력한 만큼 얻을 수 있고 그 노력의 크기에 따라 투자 성과에도 차이가 있으니 투자할 기업을 꼼꼼히 분석하도록 합시다.

매수 알림 기능 활용하기

기업 분석을 통해 어떤 기업을 매수하기로 했다면 이제는 원하는 가격에 매수할 준비를 해야 합니다. 하지만 자신이 원하는 가격이 언제 올지 모르기 때문에 주식 차트 화면만 들여다보게 되고, 이것이 반복되면 회사 업무에 집중하지 못하게 될 확률이 높습니다. 실제로 주식 시장의 변동성이 높을 때는 많은 직장인들이 주식 차트를 보느라 업무에 집중하지 못하는 경우가 많습니다. 또 다른 문제는 매수 기회를 놓칠까 봐 그냥 비싼 가격에 매수하는 경우도 많다는 점입니다.

이를 방지하기 위해 저는 알람 기능을 활용합니다. 알람이 올 때만 들어가서 주식을 매수 및 매도할 수 있어 유용합니다. 방법은 〈증권플러스〉라는 앱을 설치하면 됩니다. 자신이 매수하고자 하는 기업을 검색하여 알람 기능을 설정해 두면 계속 차트를 보고 있지 않아도 원하는 가격이 되면 알려줍니다. 그러니 계속 업무에 집중을 할 수 있습니다. 매수는 물론 매도에도 알람 기능을 쓸 수 있습니다.

이 앱은 무료로 제공되고 있으므로 부담 없이 사용하면 됩니다. 몇몇 증권사 앱에서도 비슷한 기능을 제공하는데 메뉴를 찾기 힘든 초보자들은 이 앱을 활용하면 편리합니다.

● 〈증권플러스〉 매수·매도 알림 화면

또한 증권플러스 앱에서는 여러 개의 주식 계좌를 연동할 수 있는 기능도 있어서 앱 하나로 여러 주식 계좌의 잔고를 확인 할 수도 있습니다. 처음 투자를 시작하면 계좌가 하나인 경우가 많지만, 나중에 여러 계좌로 분산해야 하는 시기가 되면 유용하게 사용할 수 있습니다.

매수 전 매도 가격을 미리 정하기

주식 투자 시 매도·손절 가격을 정해 놓지 않고 충동적으로 매수를 하는 것은 많은 사람들이 하는 실수입니다. 이것이 왜 문제인지 모르는 분들이 많은데요. 종목을 매수하면 절대 손해를 보지 않겠다는 심리가 생깁니다. 그래서 매도 가격을 정해두지 않으면 자신이 보유한 주식이 계속 하락해도 팔지 못하고 언젠가는 회복할 거라고 생각하면서 의도치 않게 장기 투자자가 되어 버립니다.

반대로 주식이 30% 이상 계속 올라가면 대부분 그 시점에서 팔지 못하고, 더 오르면 팔아야지 하는 욕심을 부리게 됩니다. 그러다 주식이 다시 내려가면 이미 30% 라는 수익을 눈으로 보았기 때문에 그 30%가 당연한 수익으로 인식되어 30% 이하 구간에서는 팔지 못하게 됩니다.

만약 계속 하락을 하게 되면 마찬가지로 의도치 않는 장기 투자자가 되어 원금이 회복되기를 기다리게 됩니다. 따라서 주식을 매수하기 전 매도 가격을 미리 정해 놓고 투자를 해야 해당 가격이 되었을 때 욕심 부리지 않고 매도 시점을 잡을 수 있습니다.

요즘 AI 투자가 성과를 잘 내고 있는 이유도 컴퓨터는 감정이 없어 심리적인 요인으로 잘못된 판단을 하지 않기 때문입니다. 투자를 잘 하려면 마인드 컨트롤이 정말 중요합니다. 실제로 투자의 대가들은 감정을 조절하는 능력을 기르기 위해 심리학 관련 책도 많이 읽습니다.

분할 매수·분할 매도 습관을 기르자

주식 투자를 하다 보면 지금 이 가격에 사지 않으면 내일부터 주가가 오를 것 같아서 왕창 매수하고 싶은 마음이 들 수 있습니다. 이럴 때 정말 조심해야 합니다. 만약 자신이 가진 자금 전부를 들여 매수했는데 주식이 자꾸 내려간다면 비자발적 장기 투자자로 전락하게 됩니다.

어떤 사람도 주식의 현재가를 보고 가장 싼 가격인지 혹은 가장 비싼 가격인지 알 수 없습니다. 투자의 대가라고 하는 분들도 마찬가지입니다. 따라서 분할 매수로 매입 단가를 낮추는 방법을 쓰는 것이 좋습니다. 하락장에서 분할 매수 전략을 실행해 나가면 평균 매입 단가를 낮출 수 있기 때문에 좋은 주식을 저렴하게 모을 수 있는 기회가 됩니다.

만약 오늘 첫 번째 분할 매수를 하고 나서 주가가 급등하여 다시 매수할 타이밍이 오지 않는다면 과감하게 미련을 버리고 다른 종목을 찾기 바랍니다. 그것 말고도 좋은 종목들은 언제든지 나오기 마련이니까요.

매도를 할 때도 마찬가지입니다. 자신이 보유한 주식이 너무 올라서 지금 팔아야 될지 말아야 될지 고민이 된다면, 보유 주식수의 50% 또는 30% 정도만 매도하면 심리적으로 좀 더 편안한 상태로 주식 투자를 할 수 있습니다. 분할 매도로 수익을 일부 챙긴 상태이므로 내일 주식이 내려도 수익 실현을 했기 때문에 아깝지 않고, 반대로 주식이 오른다면 남은 주식으로 수익을 더 챙길 수 있어서 좋습니다. 주식 투자는 인간의 심리를 잘 이해하면서 해야 잘 할 수 있습니다.

너무 많은 종목 매수하지 않기

투자의 대가 워런 버핏은 '계란을 한 바구니에 담지 말라'는 조언을 한 바 있습니다. 이는 분산해서 투자하라는 뜻인 동시에 하나의 종목 또는 동일 산업에 모든 자금을 투자하는 것을 지양하라는 말로도 해석할 수 있습니다.

분산 투자를 위해 포트폴리오를 잘 만들어 두는 것도 좋은 방법입니다. 주식에서의 포트폴리오란 여러 곳에 분산하여 투자하는 것을 뜻하며 여러 산업 혹은 다양한 국가에 분산 투자할 수 있도록 종목을 구성하는 것을 말합니다.

하지만 주식 초보자의 경우에는 너무 많은 종목을 매수하는 것은 집중도를 떨어뜨려서 오히려 악영향을 미치게 되니 주의해야 합니다. 주식을 매수하게 되면 그때부터 해당 기업과 관련된 뉴스, 공시 등을 계속 체크해야 합니다. 그런데 종목수가 너무 많으면 확인할 정보가 기하급수적으로 늘어나 투자 자체를 포기하게 되는 경우가 생깁니다. 따라서 초보자는 5개 이내의 종목으로 분산을 하고 그것이 어느 정도 익숙해지면 조금씩 늘려서 안정적인 포트폴리오를 구축하는 것이 좋습니다.

모의 투자로 주식 시작하기

나름 많은 공부를 하고 투자를 시작해도 처음에는 두려운 마음이 생기기 마련입니다. 아무래도 주식 투자가 펀드보다는 변동성이 크고 원금 손실의 가능성도 다소 높기 때문입니다. 이렇게 주식 투자에 자신이 없는 경우에는 모의 투자로 먼저 시작하는 것도 좋습니다.

모의 투자를 하는 방법은 각 증권사에서 제공하는 기능을 이용하는 방법도 있지만, 가장 쉬운 방법은 '구글 스프레드시트'를 활용해 본인이 직접 수익률 관리표를 만드는 것입니다.

엑셀이 아닌 구글 스프레드시트를 사용하는 이유는 주식 현재가를 자동으로 불러오는 '구글 파이낸스 함수'를 이용할 수 있기 때문입니다.

수익률 관리표는 투자자마다 다양한 버전이 있는데 간단하게 다음과 같은 형식으로 모의 투자 수익률 관리표를 만들 수 있습니다. 현재가에는 구글 파이낸스 함수를 사용하여 해당 기업의 종목 코드와 현재 가격에 대한 코드값을 입력하면 자동으로 불러와 반영해 줍니다. 직접 현재 가격을 확인해 입력하지 않아도 되므로 편리합니다.

조금 아쉬운 점은 실시간 가격을 불러오는 것이 아니라 10분 정도 지연된 데이터가 반영된다는 것입니다. 하지만 수익률 관리에 있어 그 정도 차이가 나는 것은 큰 문제가 아닙니다. 뿐만 아니라 구글 스프레드시트에서 여러 가지 데이터를 연동하는 기능도 제공해서 요즘 투자자들 사이에서는 엑셀보다 구글 스프레드시트를 활용하는 사람들이 점점 늘어나는 추세입니다.

●구글 스프레드시트 모의 투자 화면

기업명	시장	매수가	현재가	현재수익률
삼성전자	코스피	48,300	82,600	71.01%
SK하이닉스	코스피	83,300	133,000	59.66%
셀트리온	코스피	184,000	318,500	73.10%
삼성바이오로직스	코스피	443,000	793,000	79.01%
NAVER	코스피	164,000	398,000	142.68%
카카오	코스피	152,500	504,000	230.49%
LG화학	코스피	303,500	941,000	210.05%
LG생활건강	코스피	1,109,000	1,600,000	44.27%
삼성SDI	코스피	248,000	770,000	210.48%
SK텔레콤	코스피	176,500	253,500	43.63%
삼성에스디에스	코스피	146,000	203,000	39.04%
엔씨소프트	코스피	622,000	997,000	60.29%
CJ대한통운	코스피	129,500	170,500	31.66%
더존비즈온	코스피	77,000	104,000	35.06%
이마트	코스피	104,000	183,000	75.96%
오리온	코스피	108,500	136,000	25.35%
NHN한국사이버결제	코스닥	27,150	51,100	88.21%

셀 F2: =GOOGLEFINANCE("KRX:005930","price")

이 방법으로 모의 투자를 하면서 주식이 오르고 내리는 것에 적응이 되면 소액으로 실제 투자를 시작하면 됩니다.

투자 경험이 많지 않은 분들은 대개 100만 원 정도로 시작하는 경우가 많은데, 초반에 10~20만 원의 손실을 보게 되더라도 그만두지 말라는 말씀을 드리고 싶습니다.

초보자들은 조금만 잃어도 주식 투자와는 맞지 않다고 생각하여 금방 포기하는 경우가 많은데요. 하지만 생각해 봅시다. 재테크를 시작하기 전에 술, 커피, 외식, 쇼핑, 충동구매 등으로 한 달에 10~20만 원을 더 쓰는 경우가 얼마나 많았습니까. 투자를 결심하고 소비를 줄여 이제 막 투자를 공부하는 단계인데 처음부터 완벽할 수는 없습니다. 약간의 손실은 감수할 수 있어야 소액을 굴려보면서 투자의 감을 익힐 수 있습니다. 이는 나중에 목돈을 운용하는 데에도 큰 도움이 될 것입니다.

지금까지 주식 투자를 하는 기본적인 단계에 대해서 배워보았습니다. 언급한 것들 중에서는 아마 기업 분석이 가장 어렵게 느껴지실 겁니다. 기업 분석을 통해 앞으로 성장이 기대되는 좋은 기업을 골라야 하는데 말처럼 쉽지는 않습니다. 그렇다 보니 주식 투자의 진입 장벽이 매우 높다고 생각할 수 있습니다. 이런 분들에게 추천하는 또 다른 한 가지 방법이 있습니다.

시가총액 1위 기업 정기 매수하기

말 그대로 우리나라 시가 총액 1위 기업의 주식을 매달 월급날 1주씩 또는 N주씩 매수하는 것입니다. 이미 많은 분들이 실천하는 방법이기도 합니다. 이 방법은 1주의 가격을 따지지 않고 마치 은행에 정기 적금을 넣듯이 매달 일정 수량을 매수하는 것이 핵심입니다. 이렇게 하면 주가가 내려갈 때도, 또 올라갈 때도 매수하게 되므로 고점에서 대량 매수하는 실수에서 벗어날 수 있습니다.

우선 1주라도 살 것을 권합니다. 주식을 보유하는 순간 해당 기업의 사업에 관심을 가지게 되기 때문입니다. 현재 시가총액 1위인 삼성전자의 주식을 샀다고 가정해 봅시다. 그러면 자연스럽게 삼성전자의 반도체, 스마트폰 등 주요 사업에 궁금증이 생깁니다. 삼성에 관한 뉴스가 나오면 자연히 귀를 기울이게 됩니다. 많든 적든 내 자산이 투입되었기 때문입니다. 거기서 더 나아가면 우리나라 경제에도 관심을 갖게 됩니다. 이때부터는 누가 강요하지 않아도 스스로 찾아서 공부하게 되지요.

맨 처음부터 산업 분석, 경제 지표 등 모든 사항을 공부하라고 강요한다면 아예 재테크를 시작하지 않게 될 겁니다. 하지만 이 방법을 사용하면 자연스럽게 관심이 생겨 각종 지표나 자료를 보는 것이 크게 괴로운 일이 아니게 됩니다.

투자도 운동과 마찬가지로 본인이 조금씩 재미를 느낄 때 좋은 성과를 거둘 수 있다는 점을 기억합시다.

❸ ETF로 쉽게 분산 투자하기

개별 종목에 투자하려면 각 기업에 대한 분석을 깊이 해야 하고, 종목을 고를 때에도 여러 산업에 분산해 리스크를 줄이는 등 신경 쓸 것들이 정말 많습니다. 또 개별 기업에 투자할 때에는 분석을 많이 한다고 해도 예상치 못한 이슈들이 발생할 수 있기 때문에 투자를 지속하기 어려울 수 있습니다. 이런 경우에는 ETF(Exchange Traded Fund)에 투자하는 방법도 하나의 대안이 될 수 있습니다.

ETF란 특정 지수를 추종하는 투자 상품으로서 해당 지수에 포함되는 종목들에 자동으로 분산 투자하는 효과를 얻을 수 있습니다. 특히 주식형 ETF의 경우 최소 10개 종목 이상에 분산 투자해야 하는 의무조항이 있다 보니, 주식보다 변동성을 낮출 수 있습니다.

예를 들어 국내의 KODEX 200 ETF의 경우는 코스피 종목 중에서 대표 200개 기업에 투자하고 있는 상품으로서, 여기에 투자하면 코스피 200개 기업을 한 번에 매수하는 것과 같다고 볼 수 있습니다. 200개 기업에 투자하는 것이므로 투자금이 많이 필요하는 것이 아니냐는 질문을 받는데, 2021년 3월 기준으로 1주에 40,000원 정도라서 소액으로 여러 기업에 분산하여 투자하고 싶은 분에게는 최고의 투자 수단이 될 수 있습니다.

또한 ETF는 개별 주식처럼 등락이 크지 않습니다. ETF에 포함된 주식 종목들의 상승 및 하락의 평균값이 수익률이 되기 때문에, 한 기업의 변동성이 전체에 영향을 미치는 경우는 작기 때문입니다. 개별 주식의 변동성이 너무 커서 주식 투자를 하는 것이 부담스럽거나 두렵다면 ETF를 매수하여 주식 시장의 변동성에 조금씩 적응하는 훈련을 하는 것도 좋은 방법이라고 볼 수 있습니다.

펀드와 ETF의 차이

여기까지 읽고 나면 앞서 설명한 펀드와 ETF의 차이점이 궁금할 수 있습니다.

● ETF 투자 상품

ETF는 특정 지수에 투자하는 인덱스 펀드를 증권거래소에 상장시켜서 주식처럼 쉽게 거래할 수 있게 만든 상품이라고 생각하면 쉽습니다. 펀드와 주식의 장점을 모아놓은 상품인 셈입니다. 수수료도 ETF가 펀드보다 훨씬 저렴합니다. 참고로 펀드 수수료는 약 1~2%이고 ETF는 평균 0.1~0.25%입니다.

또한 일부 펀드는 사고팔 때 현재 가격이 아니라 일정 기간(통상 1~2일) 뒤의 종가 가격으로 거래됩니다. 이처럼 현재 가격으로 거래가 불가능한 펀드의 단점을 보완한 ETF는 주식처럼 현재 가격으로 사고팔 수 있습니다.

2002년 말 기준으로 국내에서 거래 가능한 ETF 종목수는 4개에 불과했는데 현재 453개(2020년 10월 기준)로 많이 늘어나서 투자자들이 주식, 채권, 원자재 등 다양한 상품에 투자를 할 수 있게 되었습니다.

또한 애플, 아마존, 구글, 마이크로소프트 등 해외 대표 우량 기업들에 투자를 하고 싶은 사람을 위한 ETF도 있어 소액으로도 여러 우량 기업에 꾸준히 투자할 수 있습니다. ETF의 인기가 점점 많아지는 추세라 앞으로도 더 다양한 상품들이 상장될 것으로 예상됩니다.

● ETF 종목 수 및 자금 규모 추이

*출처: 〈KRX ETF/ETN Monthly〉 (20년 9월)

이제 여러 ETF 중 KODEX 200 ETF을 소개하고 관련 정보를 어디서 확인할 수 있는지도 알려드릴게요. 우선 ETF 상품명 앞에 KODEX, TIGER, KOSEF 등이 붙는데 이는 ETF 운용사에서 만든 브랜드명입니다. KODEX는 삼성자산운용, TIGER는 미래에셋자산운용, KOSEF는 키움자산운용을 뜻합니다.

● 〈KODEX〉 홈페이지 화면

KODEX 200 ETF를 확인하기 위해서는 KODEX 홈페이지에 들어가서 해당 상품명을 검색하면 됩니다. 그럼 위 화면처럼 KODEX 200 ETF에 대한 정보를 한눈에 볼 수 있습니다. 총 보수와 분배금(배당금) 지급 기준일, 수익률, 기준가, 투자종목정보 등 투자자들에게 필요한 정보가 나와 있습니다.

또한 해당 ETF에 1년 동안 매달 30만 원 정도로 적립식 투자를 했을 때 수익률은 얼마가 되는지도 보여줍니다.

또한 이 화면에서 '수익률 계산기 바로가기'를 통해 투자금과 기간을 설정해 수익률을 따져볼 수도 있습니다.

● 수익률 계산 화면

경제 주기에 따른·주식 시장의 상황, 주식을 매수한 시점 등에 따라 조금씩은 차이가 나기는 하겠지만 장기적으로 'KODEX 200 ETF'에 꾸준히 투자를 하면 확실히 은행에서 주는 이자보다는 높은 수익을 얻을 수 있다고 생각합니다.

KODEX 200 ETF에 관한 정보는 네이버 증권에서도 얻을 수 있습니다. 방법은 앞서 개별 종목을 검색한 것과 같습니다.

● 네이버 증권

CU당 구성종목		[기준:20.10.16]	CU당 구성종목 TOP 10
구성종목명	주식수(계약수)	구성비중(%)	
삼성전자	8,081	30.75	삼성SDI(2.39%)
SK하이닉스	963	5.25	카카오(2.45%)
NAVER	217	4.07	현대차(2.66%)
LG화학	79	3.23	셀트리온(2.94%)
셀트리온	179	2.94	LG화학(3.23%) 삼성전자(30.75%)
현대차	242	2.66	NAVER(4.07%)
카카오	107	2.45	SK하이닉스(5.25%)

＊ CU : 설정단위(Creation unit)

네이버 증권 검색창에 KODEX 200을 검색하고 ETF 분석 탭을 클릭합니다. 화면 아래에 위와 같이 KODEX 200을 구성하고 있는 종목이 나옵니다. 삼성전자의 비중이 약 30%로 가장 많고, SK하이닉스, NAVER, LG화학 순인 것을 확인할 수 있습니다.

이와 같이 KODEX 200 ETF를 매수하면 우리나라를 대표하는 우량 종목 200개에 분산 투자를 하는 것과 같습니다. 펀드의 경우에는 해당 펀드를 구성하는 종목을 매일 확인하는 것이 쉽지 않고, 보통 분기마다 발행되는 운용 보고서를 통해 종목을 확인하게 되지만, ETF는 자신이 확인하고 싶을 때 언제든지 확인할 수 있다는 장점이 있습니다.

●〈한국거래소 KRX〉 사이트 화면

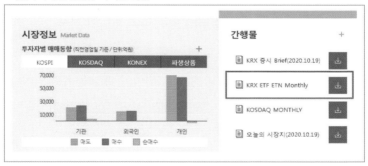

참고로 한국거래소(KRX) 홈페이지에 들어가면 'KRX ETF ETN Monthly 보고서'를 무료로 다운로드 하거나 이메일로 정기적으로 받을 수 있습니다. 이 보고서에는 ETF 시장에 대한 정보, 수익률 상위 ETF에 대한 정보 등이 담겨 있으니 ETF 투자에 관심이 있다면 참고하기 좋습니다.

4 해외 주식 투자 시작하기

최근에는 해외 주식에 관심을 갖는 사람들이 많아졌습니다. 투자를 하지 않는 분들도 테슬라의 주가 급등 소식은 알고 있을 정도입니다. 계좌 개설도 쉬워져서 개별 종목에 직접 투자를 하고 있는 경우도 많지요. 테슬라, 애플, 마이크로소프트, 구글 등과 같이 우리나라에도 잘 알려진 종목에 투자를 하면서 투자 포트폴리오를 다양하게 구축하는 것이 최근 젊은 투자자들의 특징입니다.

미국은 우리나라보다 주식 시장이 일찍 시작되어 그만큼 성숙한 투자 문화를 가지고 있습니다. 우리나라 기업의 경우 보통 1년에 1번 배당을 하는 곳이 많은데, 미국의 경우에는 분기 배당을 하는 기업이 더 많습니다. 몇몇 기업은 월마다 배당을 하기도 하고 배당금을 20~30년 이상 꾸준히 올리는 기업들도 많습니다.

배당금을 올린다는 말은 기업에서 벌어들인 이익을 투자자들에게 돌려주는 주주 친화적인 문화라고 보면 됩니다. 이렇게 배당금을 늘리면 해당 기업에 투자한 투자자들이 장기적으로 기업에 투자할 수 있게 됩니다. 다음 그래프를 보면 우리나라의 경우 약 10년간 거의 같은 자리에서 박스권을 형성하고 있는 반면 미국의 경우 10년 전과 비교해 보면 현재 3배 이상 오른 것을 볼 수 있습니다.

● KOSPI 지수 (2000년 1월~2020년 10월)

● 미국 다우 지수 (2000년 1월~2020년 10월)

특히 미국 주식은 장기 투자처로 각광을 받고 있습니다. 그 이유를 잘 설명해 주는 그래프를 하나 보여드리겠습니다.

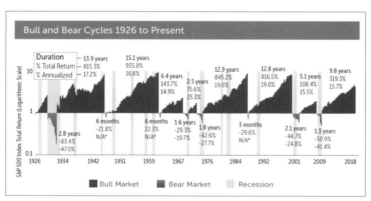

*출처: First Trust Advisors L.P., Morningstar. Returns from 1926~2018

위 그래프는 1926년부터 2018년까지 미국 주식의 상승장 및 하락장을 표시한 것입니다. 하락장은 짧게 끝나지만 상승장은 길게 이어지는 것을 알 수 있습니다. 이를 통해 개별 주식에 투자하지 않고 단순하게 시장 지수를 추종하는 ETF에만 투자를 해도 자산이 크게 증가할 수 있음을 알 수 있습니다.

● 전 세계 기업 시가총액 순위

로고	기업	국가	시가총액 USD	시가총액 KRW
	애플		19003 억달러	2259 조원
	사우디 아람코		17572 억달러	2089 조원
	마이크로소프트		16079 억달러	1912 조원
	아마존		15865 억달러	1886 조원
	구글		10175 억달러	1210 조원
	페이스북		7647 억달러	909 조원
	알리바바		7037 억달러	836 조원
	텐센트		6521 억달러	775 조원
	버크셔 해서웨이		5092 억달러	605 조원
	존슨앤존슨		3912 억달러	465 조원

*출처: mrktcap

전 세계 시가 총액 상위 기업을 살펴보면 미국 기업들의 비중이 압도적으로 많은 것을 알 수 있는데요. 따라서 미국 주식에 투자하는 것이 장기적으로 큰 수익을 낼 수 있는 방법이 될 수 있겠습니다. 실제로도 그런지 과거 자료로 직접 분석해 봅시다.

'PORTFOLIO VISUALIZER' 사이트에서 2000년부터 2020년 10월 말까지 미국 주식에 1,000만 원을 투자한 경우 현재 자산은 어떻게 되는지 시뮬레이션해 보았습니다.

●미국 주식 투자 시 자산 그래프

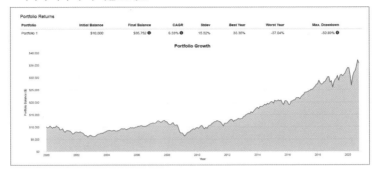

투자금 1만 달러가 약 35,000달러로 3.5배 정도 증가한 것을 볼 수 있습니다. 만약 1972년부터 약 50년 동안 투자했다면 약 124만 달러로 무려 124배가 되었을 것입니다. 이것이 바로 복리의 효과를 제대로 보여주는 사례라고 할 수 있습니다. 저도 이런 매력에 빠져서 해외 주식에 장기 투자를 하고 있고, 현재도 지속적으로 수익을 얻고 있습니다.

미국 주식의 또 다른 매력은 바로 '달러'를 보유한다는 점입니다. 2008년 금융 위기, 2020년 코로나19로 인한 경제 위기 등 주식 시장에 폭락장이 찾아오면 '달러'는 가장 주목 받는 자산이 됩니다. 달러는 국제간의 결제나 금융 거래에 있어 기본이 되는 대표적인 '기축 통화'이기 때문입니다. 따라서 경제 위기 상황에서는 안전 자산으로 평가 받아 그 가치가 더욱 올라가는 것이지요. 역으로 이러한 폭락장에서는 달러 투자로 수익을 내는 방법도 있습니다.

해외 ETF에 투자하기

국내 개별 종목 투자 때와 마찬가지로 해외 주식을 할 때에도 개별 종목을 산다면 기업을 분석해야 하는 것은 당연한 과정입니다. 하지만 다른 나라의 개별 기업까지 공부하기에는 부담스러울 수 있습니다.

따라서 초보자들의 경우에는 ETF에 투자하는 것을 추천합니다. ETF에 투자하는 것이 개별 종목들에 투자하는 것보다 안전하기 때문입니다. 방법은 국내 ETF를 거래할 때와 같습니다. 증권사에서 해외 주식 계좌를 개설하여 ETF를 매수하면 끝입니다.

● S&P 500 지수 추종 ETF 비교

	SPY	IVV	VOO
종목명	SPDR S&P 500 ETF Trust	iShares Core S&P 500	Vanguard S&P 500
운용사	State Street	Black Rock	Vanguard
운용사 순위	5	1	2
추종 지수	S&P 500 지수	S&P 500 지수	S&P 500 지수
상장 일자	1993/01/22	2000/05/15	2010/09/07
현재가	304.21	305.36	279.62
시가총액	252.39B	175.29B	127.99B
거래량	40.46B	2.41B	1.97B
운용 보수	0.09%	0.04%	0.03%
배당률	2.03%	2.42%	2.02%
배당률 - 운용 보수	1.94%	2.38%	1.99%

투자 가능한 여러 국가 중에서 미국 S&P 500 지수를 추종하는 ETF를 매수하는 것이 가장 일반적입니다. 우리나라로 치면 KOSPI 200 지수를 추종하는 KODEX 200, TIGER 200 같은 상품들이라고 생각하면 이해하기 쉽습니다.

미국 S&P 500를 추종하는 ETF에는 대표적으로 SPY, VOO, IVV 이렇게 3가지가 있습니다. 이 3가지 ETF는 거의 동일하게 움직이기 때문에 무엇을 매수해도 크게 상관은 없습니다. 하지만 운용사의 능력도 중요한 부분이므로 자신이 매수하려는 ETF가 오랜 기간 경제 위기를 잘 이겨낸 상품인지도 살펴보면 좋습니다. 또한 운용 보수와 배당률도 같이 따지면서 수익을 조금이라도 극대화할 수 있도록 꼼꼼하게 살펴봐야 합니다. 저는 이 3가지 ETF 중에서 IVV에 투자하고 있는데요, 그러면 IVV에 2000년부터 투자를 시작했을 경우 현재 자산은 얼만큼 증가했을지 백테스트를 통해 확인해 봅시다.

●IVV ETF 투자 시 자산 그래프

연평균 수익률 약 7%로 투자금 1만 달러가 2020년 10월 기준 37,547달러로 약 3.7배 증가한 것을 볼 수 있습니다. 여기서 주의할 점이 있습니다. 이렇게 결과만 놓고 생각하면 앞으로 20년 뒤를 기대하여 현재 자신의 자산을 전부 저 ETF에 투자해야겠다는 생각이 들 수도 있습니다. 하지만 위 그래프에서 'Max Drawdown' 항목의 수치를 보면 -50%라고 적혀있는데 이는 해당 투자 상품이 가장 많이 하락했을 때 마이너스 50%까지 하락했음을 의미합니다. 아마 자신의 자산이 반토막이 나는 것을 눈으로 보고도 장기 투자를 할 수 있는 사람은 많지 않을 것입니다. 결론을 알았다면 모두 견뎠을 테지만, 누구도 미래를 예측할 수 없다는 점이 투자의 어려움입니다.

그렇다면 IVV를 언제, 얼만큼 매수를 하는 것이 가장 좋을까요? 가장 리스크가 적은 방법은 매달 N주씩 매수하면서 평균 매입 단가를 분산시키는 것입니다. 이렇게 되면 주식이 하락했을 때에는 싼 가격에 추가 매수를 할 수 있기 때문에 하락장에서도 심리적으로 흔들리지 않고 견뎌낼 수 있습니다. 우선 매달 1주를 매수할 금액을 달러로 환전해 놓고, 특정일(월급일, 매월 1일 등)에 적금을 넣듯 주기적으로 매수하면 됩니다. 이런 방식으로 꾸준히 투자하면서 다방면으로 공부도 계속한다면 점차 자신만의 투자 원칙이 생길 것입니다. 그러면 본인의 방식으로 상황에 맞게 투자법을 수정해 나가면서 투자하면 됩니다.

5▶ 부동산 투자로 내 집 마련하기

부동산 투자에 꾸준히 관심을 가지신 분들은 아마 2017년부터 시작된 상승장을 기억할 것입니다. 물론 지금도 부동산 상승장이 아직 끝나지 않았다고 생각하는 사람들이 많고, 정부의 여러 정책에도 불구하고 실제로 아파트 가격이 점점 높아지고 있는 상황입니다. 앞으로는 어떻게 될지 모르지만요. 저도 2017년에 서울과 경기도 아파트를 운 좋게 매수하여 상승장 덕을 본 케이스입니다.

개인적으로 부동산은 투자보다는 주거를 목적으로 구매하는 것이 좋다고 생각합니다. 월세나 전세를 전전해 보신 분들은 알 것입니다. 계약이 만기될 때마다 이사할 곳을 알아보고, 짐을 싸고 푸는 것이 얼마나 서러운 일인지를요.

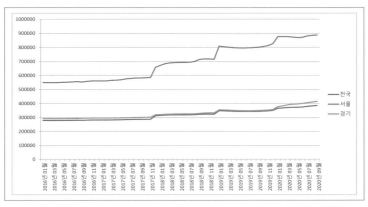

*출처: 한국감정원

앞서 보여드린 그래프는 2016년부터 2020년 9월까지의 아파트 가격의 변화를 나타낸 그래프입니다. 시간이 지날수록 계속해서 우상향하는 것을 알 수 있습니다. 특히 서울의 경우 전국 평균 시세보다 2배 이상 비싼 가격으로 격차를 벌려 나가는 것도 확인하실 수 있습니다. 큰 기업들과 각종 인프라가 서울에 갖춰져 있다보니 서울에 살고 싶어하는 수요가 많아 이런 결과가 생겨난 것이겠지요.

실거주가 목적이든 투자가 목적이든 부동산 투자로 성공을 거두기 위해서는 주식 투자와 마찬가지로 스스로 공부를 많이 해야 합니다. 유명한 부동산 전문가 또는 유튜버가 추천한 곳에 묻지마 투자를 하는 사람들이 많은데 이는 좋지 않은 방법입니다.

얼마 전 한 기사에서 부동산 유튜버가 추천한 빌라가 알고 보니 본인이 지은 매물이라는 기사가 보도된 적도 있습니다. 해당 기사에는 유명 유튜버가 자신이 공동 대표로 있는 건설사가 지은 빌라를 구독자에게 추천하여 이득을 취했다는 내용이 담겨 있었습니다. 정말 안타까운 일입니다. 일반적으로 부동산은 주식보다 훨씬 큰 자금이 들어가는 투자인데 이렇게 남의 말 한마디에 목돈을 함부로 투자하는 것은 절대 해서는 안 되는 일입니다. 그래서 지금부터는 부동산 투자를 잘 하기 위해 어떤 공부를 해야 하는지 살펴보겠습니다.

다양한 방법으로 부동산 공부하기

부동산 공부를 처음 시작하는 사람들은 어디서부터 어떻게 공부를 해야 하는지 모르기 때문에 일단 책을 통해서 기본 지식을 접하는 것이 좋습니다. 대략 10권 정도 읽다 보면 부동산 투자에 어떤 식으로 접근해야 하는지 감이 잡힐 것입니다.

주식 투자가 기업을 분석해서 미래 성장이 기대되는 좋은 기업을 발굴해내는 능력이 필요한 것처럼, 부동산도 향후 입지가 좋아질 곳에 투자하는 능력이 요구됩니다.

이런 능력은 하루아침에 생기는 것이 아니라 부동산과 관련된 여러 정보를 보고 듣고 내 것으로 만드는 과정에서 자연스럽게 쌓이는 것입니다.

책은 아무래도 현시점보다 과거의 정보이다 보니, 현재 부동산 상황이 어떤지 알고 싶다면 블로그와 유튜브를 통해서 정보를 얻으면 됩니다. 뉴스를 보는 것도 도움이 되지만, 초보자들에게는 뉴스를 읽고 내용을 해석하는 능력이 부족하기 때문에, 일단 여러 전문가의 풀이를 참고하는 편이 좋습니다.

블로그와 유튜버를 운영하는 부동산 전문가들의 경우 상승론자와 하락론자로 나뉘는데, 양쪽 의견을 모두 들어 보기 바랍니다. 상승론자는 부동산이 앞으로 계속해서 오를 것이라는 입장이 강하기 때문에 하락에 대한 시그널을 무시하거나 놓칠 수 있습니다. 반대로 하락론자도 한쪽에만 치우쳐 앞을 제대로 보지 못하는 경우가 있으므로 양쪽의 의견을 모두 들어 보면서 객관적으로 부동산 시장을 바라보는 안목을 키워봅시다.

부동산과 관련된 네이버 카페가 여럿 있는데, 저는 이곳에 올라오는 글에는 크게 관심을 갖지 않습니다. 앞서 주식 챕터에서 언급한 네이버 증권의 종목 토론실과 같이, 본인이 투자한 곳이 안 오르면 추천글을 적어서 좋게 포장하는 사람들이 많기 때문입니다. 투자를 할 때에는 소음과 정보를 구분하는 능력이 반드시 필요합니다.

부동산 관련 데이터로 현재 시장 파악하기

그렇다면 현재 부동산이 매수하기 좋은 시점인지 아닌지를 어떻게 판단하는 것이 가장 좋을까요?

어떤 분들은 집 근처 공인중개사에게 물어보기도 하는데, 물론 공인중개사가 일반인보다는 부동산 관련 지식이 많지만 주로 자기 동네의 물건 위주로 거래하기 때문에 전체적인 부동산 시장의 흐름을 파악하는 데에는 한계가 있습니다. 또 주관적인 의견이 들어가는 부분이라 정확한 팩트 체크가 쉽지 않습니다.

현재 부동산 시장을 파악하고 싶을 때는 부동산 관련 데이터를 통해 객관적으로 확인하면 됩니다. 가장 쉽게 데이터를 확인할 수 있는 사이트는 〈KB부동산〉 사이트입니다.

● 〈KB부동산〉 보고서 다운로드 화면

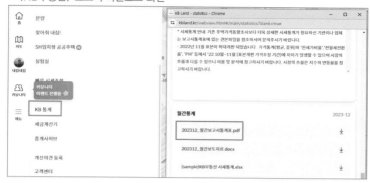

● 〈KB부동산〉 월간부동산통계표(2023.12)

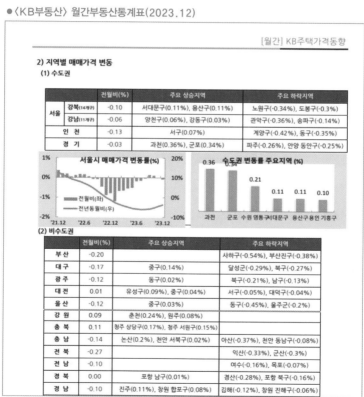

[월간] KB주택가격동향

2) 지역별 매매가격 변동
(1) 수도권

		전월비(%)	주요 상승지역	주요 하락지역
서울	강북(14개구)	-0.10	서대문구(0.11%), 용산구(0.11%)	노원구(-0.34%), 도봉구(-0.3%)
	강남(11개구)	-0.06	양천구(0.06%), 강동구(0.03%)	관악구(-0.36%), 송파구(-0.14%)
인 천		-0.13	서구(0.07%)	계양구(-0.42%), 동구(-0.35%)
경 기		-0.03	과천(0.36%), 군포(0.34%)	파주(-0.26%), 안양 동안구(-0.25%)

(2) 비수도권

	전월비(%)	주요 상승지역	주요 하락지역
부 산	-0.20		사하구(-0.54%), 부산진구(-0.38%)
대 구	-0.17	중구(0.14%)	달성군(-0.29%), 북구(-0.27%)
광 주	-0.12	동구(0.02%)	북구(-0.21%), 남구(-0.13%)
대 전	0.01	유성구(0.09%), 중구(0.04%)	서구(-0.05%), 대덕구(-0.04%)
울 산	-0.12	중구(0.03%)	동구(-0.45%), 울주군(-0.2%)
강 원	0.09	춘천(0.24%), 원주(0.08%)	
충 북	0.11	청주 상당구(0.17%), 청주 서원구(0.15%)	
충 남	-0.14	논산(0.2%), 천안 서북구(0.02%)	아산(-0.37%), 천안 동남구(-0.08%)
전 북	-0.27		익산(-0.33%), 군산(-0.3%)
전 남	-0.10		여수(-0.16%), 목포(-0.07%)
경 북	0.00	포항 남구(0.01%)	경산(-0.28%), 포항 북구(-0.16%)
경 남	-0.10	진주(0.11%), 창원 합포구(0.08%)	김해(-0.12%), 창원 진해구(-0.06%)

또 매매가는 물론 전세가 동향도 같이 제공하고 있습니다. 전세가가 오르는 지역은 매매가와 전세가의 차이가 줄어들어 투자자가 접근하기 용이하여 매매가가 오를 가능성이 높으니 주의 깊게 살펴보아야 합니다. 또한 이 보고서에 나오는 매매 및 전세 가격 지수, 매수 우위 지수, 매매 및 전세 거래 지수, PIR(Price to Income Ratio), HAI(Housing Affordability Index) 등 여러 지표의 흐름을 보면 현재 부동산 시장이 과거와 비교하여 어느 정도 과열되었는지를 분석하는 데 도움이 될 것입니다.

관심 있는 지역 정하기

여러 자료를 통해 공부한 뒤에는 관심 있는 몇 개의 지역을 정하는 작업이 필요합니다.

실거주가 목적이라면 거주하고 싶은 지역을 골라야 합니다. 이때 회사와 가깝고 대중교통 이용이 편리하며 근처에 어린이집, 병원, 마트 등 인프라가 잘 갖추어진 곳 등 원하는 요건을 모두 만족하는 곳은 찾기 힘들거나 자신이 원하는 금액보다 훨씬 비싼 경우가 많습니다. 따라서 자신에게 가장 중요한 입지 요건의 우선순위를 정리하여 매물을 살펴보도록 합시다.

만일 투자 목적이라면 투자할 수 있는 지역의 범위가 넓어집니다. 하지만 주의할 점은 아무리 지방의 부동산 상승 흐름이 좋다고 해도 멀리까지 가서 투자하는 것은 추천하지 않습니다. 아무래도 잘 알지 못하는 지역이 어떻게 될지 예측하는 것이 본인이 거주하고 있는 지역을 전망하는 것보다 어렵기 때문입니다. 설령 부동산을 매수하였다 하더라도 물건을 관리하거나 세입자와 계약을 할 때마다 먼 거리를 오가야 하는 불편함이 생깁니다.

저도 부동산 투자 초보 시절에 한 번도 살아본 적 없는 대전의 한 오피스텔에 투자했다가 시간적, 금전적 손실을 겪고 결국 매도한 경험이 있습니다. 투자 지역을 선택할 때는 자신이 잘 아는 지역, 주거지와 너무 멀리 떨어져 있지 않은 곳을 고르는 것이 좋습니다.

부동산 임장 시 체크 사항

관심 있는 지역을 정했으면 실제로 그 지역에 가서 눈으로 현장을 보는 부동산 임장* 단계를 반드시 거쳐야 합니다. 간혹 그 지역을 가보지도 않고 바로 계약금을 입금하는 투자자들도 많은데, 이를 이용하여 사기를 치는 사람들이 많으니 반드시 임장을 통해 현장을 자세하게 확인하는 단계를 거쳐야 합니다.

부동산 임장 시에 꼭 체크해야 하는 네 가지 사항을 공유해 드리니 참고하면 좋겠습니다.

---

* 임장(臨場) : 어떤 부동산을 분석하기 위해 직접 현장에 나가는 활동을 뜻한다.

① 평일과 주말 모두 확인하기

주거 공간은 기본적으로 쉬는 공간입니다. 따라서 소음이 많고 사건 사고가 자주 발생하면 스트레스를 많이 받을 수밖에 없습니다. 평일에는 유동인구가 많지 않아서 조용한 동네도 금요일 밤이나 주말이 되면 유흥가로 바뀌는 경우가 있습니다. 그러면 술주정하는 사람이 동네를 배회하거나 싸움이 일어날 확률이 높습니다. 또 주변에 소음이나 공해를 일으키는 시설물이 없는지 잘 살펴보는 것도 중요합니다.

② 낮과 밤에 거리가 변하는지 확인하기

평일과 주말의 풍경이 달라지는 동네가 있듯이 낮과 밤의 풍경이 다른 동네도 있습니다. 낮에는 밝아서 치안에 문제가 없어 보였는데 막상 밤에 가 보면 가로등도 없고 다니는 사람도 적어 외진 동네처럼 보이는 곳도 있습니다. 이런 곳은 아이가 있는 가정이나 1인 가구가 살기에는 위험할 수 있습니다. 그래서 특히 실거주가 목적인 경우에는 낮과 밤, 평일과 주말 모두 방문하여 여러모로 살펴보아야 합니다.

③ 아파트 실거주자 의견 들어 보기

아무리 조사를 해도 실제 그곳에 살고 있는 사람보다 그 집에 대해 잘 알 수는 없습니다. 따라서 해당 아파트에 실제로 거주하는 분들의 의견을 들어보는 과정이 꼭 필요합니다. 너무 많은 분들에게 물어볼 필요는 없습니다.

만약 30대 부부가 입주할 예정이라면 비슷한 나이대의 부부 3~4쌍 정도만 인터뷰해 보아도 어떤 점이 좋고 또 어떤 점이 불편한지 쉽게 파악할 수 있습니다. 이런 자료는 매매 및 입주 여부를 결정하는 데 중요한 역할을 합니다.

④ 다른 부동산에 방문하여 단점 물어보기

마지막 단계는 부동산에 의견을 묻는 것입니다. 중요한 것은 내가 구매하고자 하는 매물을 주로 다루는 부동산이 아닌 다른 부동산에 가야 한다는 점입니다.

만약 내가 사고 싶은 아파트가 A 아파트라고 가정해 봅시다. 이때 A 아파트 매물을 주로 거래하는 부동산이 아닌 B 아파트를 주로 거래하는 부동산에 가서 A 아파트에 관해 물어보는 것이 좋습니다. 보통 공인중개사는 자기가 주로 거래하는 매물에 대해서는 단점을 곧이곧대로 말하지 않는 경향이 있습니다. 따라서 원하는 매물을 거래하지 않는 다른 부동산에 문의하면 해당 매물의 단점에 대해서도 쉽게 들을 수 있습니다. 부동산 거래는 큰돈이 드는 만큼 좋은 점뿐 아니라 안 좋은 점에 대해서도 꼼꼼히 파악해야 합니다.

적당한 레버리지(대출)를 활용하자

본인이 모은 자산만으로 부동산을 매수할 수 있는 사람은 몇 안 될 것입니다. 만약 자신이 보유한 현금만으로 아파트를 사려고 한다면 엄청난 시간이 걸릴 것이며, 그 기간에 아파트는 더욱더 비싸질 것이 뻔합니다. 제 경우도 서울에 있는 아파트를 매수하기 위해 마이너스통장을 이용하여 일부 자금을 은행에서 대출받았습니다. 그리고 그 아파트는 2020년 10월 현재 매수했던 가격보다 5억 원 가까이 올라서 큰 수익을 가져다주었습니다. 만약 그때 제가 가진 자금을 초과한다고 해서 매수를 안 했다면 좋은 기회를 놓쳤을 것입니다.

이렇듯 적당한 대출을 이용하여 부동산 투자를 하는 것을 추천합니다. 너무 무리하지 않는 선에서 자금을 빌리고 대출 이자까지 계산하여 자금계획서를 세워 자산을 운용하면 큰 문제가 없습니다. 만약 맞벌이 부부라면 양쪽의 대출을 적당히 활용하되, 외벌이가 되었을 경우도 같이 고려하여 대출을 받도록 합시다.

이 외에도 부동산 공부를 하면서 여러 요인들을 꼼꼼하게 파악하여 투자해야 합니다. 이렇게 하더라도 부동산 정책에 따라 여러 가지 변수가 발생하기 때문에 항상 최신정보에 귀를 기울여야 하며, 혼자만의 정보력에는 한계가 있으므로 투자에 관심 있는 지인들과 같이 스터디 그룹을 조직하여 같이 투자해 나가도 좋을 것입니다. 내가 관심 있는 아파트를 분석하다 보면 좋은 점만 보이고 나쁜 점에 대해서는 잘 인지하지 못하게 되는데, 제3자의 시각에서 객관적으로 서로 조언을 해 주면서 분석해 나가면 투자할 때 이성적으로 판단을 할 수 있습니다.

6 연금으로 노후 대비하기

앞서 잠깐 다루었듯이, 국민연금만으로 노후를 든든하게 대비하기는 어렵습니다. 지금은 대부분 본인이 회사에 다니고 있거나 배우자가 월급을 받고 있기 때문에 걱정은 없겠지만, 이때 노후 준비를 하지 않으면 나중에 나이 들어서 생활고에 시달릴 확률이 매우 높습니다.

우리나라의 노인 빈곤율은 약 44%로 OECD 국가 중에서 1위

●노후 대비를 위한 연금 3종 세트

입니다. OECD 국가들의 평균인 약 15%에 비하면 무려 3배나 높은 수치입니다. 이는 점점 더 심화되어 현재 20~30대가 은퇴하게 되는 2060년이 되면 더 심각해질 것입니다. 거기다 출산율의 지속적인 저하로 노동 인구가 감소하여 국민 1인당 부양해야 하는 노인 인구수 역시 최고조에 달할 것입니다. 실제로 전문가들도 2060년이 되면 한국의 노인 부양률이 OECD에서 가장 높을 것으로 예상하고 있습니다.

노후자금 계산하기

노후 준비를 위해서는 우선 노후 자금을 계산해 봐야 합니다. 이를 위해서 자신의 '은퇴 예상 시기'와 '사망 시기'를 대략적으로 정하고, 은퇴 후 한 달에 얼마의 돈이 필요한지 정해야 합니다.

예를 들어 현재 35세인 사람이 60세에 은퇴하고 100세까지 무소득 기간으로 보낸다고 가정해 봅시다. 매달 300만 원의 돈이 필요하다면 약 14억 4천만 원의 노후 자금이 필요합니다. 이 사람이 국민연금에서 매달 120만 원을 받는다면 개인적으로 준비해야 하는 자금은 약 8억 6천만 원이 되겠지요. 이는 연봉 5,000만 원을 기준으로 약 25년 동안 월급에서 69% 이상을 은행에 저축하며 모아야 하는 자금입니다(은행 이자, 소득세 등은 고려하지 않음).

만일 자녀가 여러 명 있거나 여타의 사정으로 매달 500만 원이 나간다고 가정해 봅시다. 노후에 개인이 준비해야 하는 자금은 약

18억으로 증가합니다. 이는 25년 동안 연봉을 한 푼도 쓰지 않고 저축해도 모으지 못하는 금액입니다. 대략적으로 계산한 값이지만 결과를 보고 충격을 받은 분들도 있을 것입니다. 하지만 이것이 현실입니다.

●노후 자금 계산 공식

항목	시나리오 1 (월 500만 원 지출 예상)	시나리오 2 (월 300만 원 지출 예상)
은퇴 / 사망	60세 / 100세	60세 / 100세
은퇴 후 무소득 기간	40년(480개월)	40년(480개월)
매월 필요 자금	500만 원	300만 원
무소득 기간 내 필요 자금	24억 원	14억 4천만 원
국민연금 40년 수령 금액 (*매달 120만 원씩 수령 가정)	5억 7천 6백만 원	5억 7천 6백만 원
개인이 준비할 자금	18억 2천 4백만 원	8억 6천 4백만 원
남은 근속 기간	25년	25년
근속 기간 동안의 예상 수입 (*연봉 5,000만 원 기준)	1,250,000,000원	1,250,000,000원
은행에만 저축할 시	월급보다 1.4배 많은 돈을 저축해야 함	월급의 약 69%를 저축해야 함

국민연금 예상액 확인하기

이제 현실을 직시하였으니 자신의 국민연금 예상액을 확인한 후 개인연금과 퇴직연금으로 얼마를 보충해야 하는지 계산해 봅시다. 예상액은 '통합연금포털' 사이트에서 확인할 수 있습니다.

이 사이트에서는 자신이 가입한 국민연금, 개인연금, 퇴직연금을 한 번에 조회할 수 있는 서비스도 제공하고 있습니다. 저는 2049년부터 사망 시까지 매달 약 136만 원의 연금을 받게 되는 것으로 나옵니다. 이 결과는 현재 물가 기준이므로 136만 원으로 생활할 수 있는지 생각해 보면 터무니없이 부족한 금액임을 알 수 있습니다.

또한 '예시 연금액' 메뉴를 누르면 본인이 가입한 국민연금, 퇴직연금, 연금저축 등을 모두 합해서 노후에 받게 되는 예상 금액을 연도별로 확인할 수도 있습니다. 노후에 매달 500만 원의 지출을 가정했을 경우, 저는 약 360만 원이 부족하므로 이를 개인연금으로 준비해야 합니다. 그렇다면 어떤 식으로 노후 준비를 하는 것이 좋을까요?

●통합연금포털 연금계약정보 화면

연금저축 예상액 확인하기

방법은 다양하겠지만 저는 연금저축계좌와 개인형 퇴직연금 (IRP)계좌에 ETF 상품으로 투자하면서 노후를 준비하고 있습니다. 이렇게 하는 이유는 바로 세액 공제와 과세 이연(세금 납부를 연기해 주는 제도)의 혜택이 있기 때문입니다.

연금저축계좌와 IRP계좌에는 연간 1,800만 원까지 납입이 가능한데, 세액 공제 한도는 경우에 따라 차이가 있습니다. 또 연봉에 따라 최소 13.2%에서 최대 16.5%까지 세액 공제를 받을 수 있으니, 자신의 연봉 구간과 나이에 따라 최대한 세액 공제를 많이 받을 수 있게 전략을 세우도록 합시다. 더불어 IRP의 경우 연금저축계좌와 달리 주식형 ETF나 펀드 등의 위험 자산을 전체 자산의 70%까지만 담을 수 있는 제약이 있으니 이 부분도 참고하기 바랍니다.

그리고 두 가지 연금 계좌 모두 과세 이연이 된다는 장점이 있다고 말씀드렸는데요. 일반 주식 계좌에서는 ETF에 대한 매매 차익이나 분배금에 대한 15.4%의 세금을 내야 하는데(국내 주식형 ETF는 일반 주식 계좌에서도 세금 없음), 연금저축계좌에서는 연금 수령 때까지 세금을 내지 않아도 됩니다. 55세 이후에 연금 형태로 수령을 하는 경우 3.3~5.5%의 연금 소득세만 납부하면 되므로 이득이라고 볼 수 있습니다. 세금을 내지 않는 대신 그 돈으로 재투자를 하여 복리 효과를 더 키울 수 있기 때문입니다.

●연금저축 vs IRP 비교

	연금저축	IRP
가입 가능 대상자	누구나 가입 가능	직장인, 자영업자
세액 공제 한도	600만 원	900만 원 (연금저축 600만 원을 포함한 금액)
투자 대상 비율	제한 없음	안전 자산에 최소 30%를 투자해야 하는 제약이 있음. 즉, 주식과 같은 위험 자산에는 최대 70%까지만 투자 가능.
중도 인출	가능 (단, 불이익이 있음)	불가능 (단, 특정 조건 충족 시 가능)
세액 공제율	5500만원(종합소득 4500만원) 이하: 16.5% 5500만원(종합소득 4500만원) 초과: 13.2%	
연금 수령 시기	만 55세 이상 (단, 가입 5년 이상)	

글로벌 자산 배분 전략

그렇다면 연금저축 및 IRP계좌에서 ETF 상품을 이용해 어떤 투자 전략을 실행해야 노후를 안전하게 준비할 수 있을까요? 제 경우에는 다양한 ETF를 통해 글로벌 자산에 배분하는 전략을 쓰고 있습니다. 투자자들 중에서도 이런 전략을 활용하는 사람들이 늘어나고 있습니다.

글로벌 자산 배분 전략이란, 전 세계 주식, 채권, 원자재 등 다양한 상품군에 분산 투자하여 장기적으로 투자해 나가는 전략을 뜻합니다. 이 전략이 투자자들에게 인기를 얻고 있는 이유는 바로 안정적으로 꾸준히 우상향해 나간다는 장점 때문입니다.

진정한 분산 투자는 여러 상품에 분산하는 것보다 '리스크'를 분산하는 것입니다. 각 자산 간의 상관 계수가 낮은 상품들을 섞으면 주식이 폭락할 때에는 채권과 금과 같은 자산이 오르면서 포트폴리오 전체 자산의 수익률을 방어해 줍니다. 주식에만 투자하면 높은 수익을 거둘 수 있겠지만, 2008년 금융 위기나 2020년 코로나19 사태 때처럼 자산이 반토막이 날 수도 있습니다.

누구도 자산이 마이너스 50%가 되는 상황을 스트레스 받지 않고 견딜 수는 없을 것입니다. 따라서 수익률만 보는 것이 아니라 최대 하락(MDD, Max Drawdown)이 어느 정도인지 계산해 가면서 포트폴리오를 구성해야 합니다.

포트폴리오 구성하기

초보자가 쉽게 따라 할 수 있는 포트폴리오 구성법을 알려드리겠습니다. 일단 가장 간단하게 주식과 채권을 이용하여 자산 배분을 한다고 가정해 봅시다.

예를 들어 30대의 경우에는 앞으로 투자할 기간이 많으므로 공격형(주식 60%, 채권 40%)으로 하고, 50대의 경우에는 큰 수익을 내는 것보다 손실을 내지 않는 것이 더 중요하므로 안정형(주식 40%, 채권 60%)으로 포트폴리오를 구성할 수 있습니다. 이처럼 포트폴리오는 본인의 연령대와 투자 성향, 투자 내공 등에 따라 정하면 됩니다.

만약 주식과 채권의 비중을 각각 50%로 정했다면, 이제 어떤 주식과 채권 ETF를 담을지 생각해야 합니다. 예를 들어 미국과 한국에 비중을 나누어 분산 투자를 하고 싶으면 미국과 한국의 주식과 채권 ETF를 고르면 됩니다.

● 글로벌 자산 배분 포트폴리오 예시

연금 포트폴리오 1,000만 원 투자 시				
상품구분	투자 국가	투자할 ETF 상품	비중	금액
주식 50%	미국 30%	TIGER 미국 S&P500 선물(H)	15%	150
		TIGER 미국 나스닥 100	15%	150
	한국 20%	TIGER 200	20%	200
채권 50%	미국 25%	TIGER 미국채10년 선물	25%	250
	한국 25%	KOSEF 국고채10	25%	250

그런 다음 ETF별 비중을 나누어서 최종적으로 얼마를 투자할지 정하면 됩니다. 주의할 점은 포트폴리오를 구성하는 각각의 ETF는 장기적으로 우상향해야 한다는 점입니다. 그래야 20~30년 뒤에 연금 자산이 많이 늘어날 수 있기 때문에 달러와 같이 오르내림을 반복하는 자산의 경우에는 포함을 시키지 않는 것이 수익률 측면에서 좋다고 생각합니다.

리밸런싱하기

포트폴리오를 만든 후 투자금을 넣고 가만히 두는 것보다는 주기적으로 '리밸런싱(rebalancing)'을 통하여 각 자산 간의 비율을 다시 맞춰주는 것이 수익률을 더 높일 수 있습니다. 리밸런싱이란, 처음 포트폴리오를 구성하였을 때의 비중으로 다시 맞추는 것을 의미합니다. 리밸런싱이 수익을 더 높여줄 수 있는 이유는 바로 고점 매도와 저점 매수를 할 수 있기 때문입니다.

예를 들어 100만 원을 주식에 50만 원 채권에 50만 원 투자한 경우, 1년 뒤에 주식이 70만 원이 되고, 채권이 40만 원이 되었다고 가정해 봅시다. 초기에 자산 간의 비중이 50:50이었는데 1년 뒤에 64:36으로 비중이 변동되었습니다.

자산 가격이 오른 주식을 매도하고 그 자금으로 가격이 하락한 채권을 추가 매수하여 다시 주식과 채권의 비중을 50:50으로 맞추었습니다. 이렇게 하면 일부 수익 실현도 하고 하락한 채권을

●주식과 채권에 50:50 비율로 투자 후 1년 경과

●리밸런싱 이후 자산 비중

싼 가격에 수량을 늘려 매수를 하게 되므로, 나중에 채권이 상승하면 더 많은 수익을 얻게 됩니다.

리밸런싱 주기를 정하는 규칙은 없습니다. 다만 너무 짧은 간격으로 리밸런싱하게 되면 자산 간의 격차가 크게 벌어지지 않은 상태에서 진행되기 때문에 큰 의미가 없습니다. 저는 주로 6개월이나 1년 단위로 리밸런싱을 진행하고 있으며 만약 자산 간의 격차가 크지 않으면 굳이 리밸런싱을 하지 않고 그대로 보유합니다. 자신의 상황에 따라 진행하면 되겠습니다.

글로벌 자산 배분 전략으로 연금 자산을 세팅해 놓으면 자산이 안정적으로 우상향하기 때문에 계속 계좌를 들여보지 않아도 된다는 장점이 있습니다. 이렇게 하면 한 달에 한 번 정도 체크하면서 리밸런싱 시점이 오면 다시 비중을 맞춰주는 최소한의 노력만 들이면 됩니다. 하지만 이 리밸런싱은 초기에 포트폴리오를 잘 세팅해 놓았다는 조건하에 가능한 것입니다. 따라서 초기에 자신에게 맞는 좋은 포트폴리오를 만드는 노력이 필요합니다.

7 ▶ 재테크 모임 만들기

30대가 되면 많은 사람들이 재테크에 관심을 가지게 됩니다. 그 이유는 여러 가지가 있겠지만 대체로 30대에 결혼을 계획하는 경우가 많기 때문입니다. 비혼 1인 가구라고 하더라도 30대가 되면 독립하는 경우가 많아 집 문제나 노후 준비를 고민하게 됩니다. 하지만 갑자기 재테크를 혼자서 하려고 하면 막막하기 때문에 아예 시작을 하지 않는 경우가 많습니다. 이럴 때 필요한 것이 스터디 그룹입니다.

재테크는 여럿이 힘을 합치면 더 시너지가 납니다. 저도 30대 초반에 경제 뉴스를 공부하는 스터디 그룹을 만든 적이 있습니다. 각자 기사를 요약하여 공유해 주니 혼자서 공부할 때보다 하루에 볼 수 있는 정보의 양이 훨씬 늘어나 경제 관련 지식이 빠르게 늘었습니다. 이후 주식 스터디 그룹에서도 활동하며 공부 범위를 넓혔습니다. 모임을 꾸리기 어렵다면 온라인이나 오프라인으로 진행되는 기존 모임에 참여해도 좋습니다. 영어를 잘하기 위해서 영어를 사용하는 환경에 계속 노출시키듯 재테크도 마찬가지입니다. 재테크를 잘하려면 돈과 관련된 이야기나 정보를 자주 듣고 보아야 합니다. 스터디 외에도 저는 2020년부터 네이버에서 투자 관련 블로그를 시작해 같은 분야에 관심 있는 이웃들과 소통했습니다. 그러면서 모르는 정보도 많이 알게 되었으니 이웃들과 함께 성장한 것이지요. 본인이 제일 잘 안다고 생각하는 것은 위험합니다. 돈을 꾸준히 많이 버는 사람들은 늘 겸손한 자세로 많은 정보를 습득하면서 다양한 상황에 대비한다는 것을 기억합시다.

8▸ 번외: 투자 과정에서 발생하는 문제

초보 투자자 시절에 수많은 책을 읽으면서 투자의 부정적인 면을 다룬 책이 없어 아쉬웠습니다. 그래서 나중에 책을 쓰게 되면 투자 과정에서 발생하는 부정적인 상황들을 조금이라도 언급해야겠다고 생각했습니다. 재테크 초보자들은 투자로 소위 '대박'이 난 사람들, 젊은 나이에 건물주가 된 사람들 등 긍정적인 사례에 집중하는 경향이 있기 때문입니다.

하지만 투자에는 엄청난 스트레스가 같이 동반된다는 것을 간과해서는 안 됩니다. 대표적인 상황 몇 가지만 언급하도록 하겠습니다.

부동산 관련 문제 – 세입자 관리

부동산을 매수해서 전세나 월세를 놓는 경우에 가장 신경 쓰이는 부분이 바로 세입자 관리입니다. 세입자가 좋은 집주인을 만나기를 바라듯 집주인 역시 좋은 세입자를 만나기를 원합니다. 좋은 세입자를 만나는 것은 정말 행운이라 할 수 있습니다. 집을 더럽게 사용하거나 애완동물을 몰래 키우거나 옵션으로 제공되는 가전이나 가구를 망가뜨리고 험하게 사용하는 세입자를 만나면 정말이지 스트레스가 이만저만이 아닙니다. 게다가 세입자가 계약 기간을 지키지 못하고 방을 빼는 경우가 잦으면 여러 가지로 번거로운 일이 많이 생깁니다.

부동산 관련 문제 - 계속되는 지출

부동산 가격이 올라도 실제로 매도를 하지 않으면 사이버 머니에 불과합니다. 보유하는 동안에는 계속해서 지출이 발생되는데 가장 큰 부분을 차지하는 것이 바로 세금입니다.

부동산을 취득하면 취득록세, 법무사 수수료, 보유하는 동안 주기적으로 발생하는 재산세, 종합부동산세 등 여러 가지 지출이 발생합니다. 또한 집에 문제가 생기면 인테리어비나 수리비도 듭니다. 만약 부동산 가격이 오른 상황이라면 매도 시 수익을 얻으니 그 정도는 감내할 수 있지만, 매수한 금액과 현재 시세가 크게 차이가 나지 않는 경우에는 계속 손실이 발생하는 것과 다름없습니다. 정책적으로 부동산 관련 세금도 오르고 있는 상황이므로 부동산 투자 시에는 세금 부분도 꼭 고려해야 손해 보는 투자를 하지 않을 수 있습니다.

부동산 관련 문제 - 이웃 간의 분쟁

어렵게 집을 매매하여 들어갔는데 층간 소음, 누수 등의 문제로 이웃과 분쟁이 생기는 경우가 정말 많습니다. 원만하게 합의가 되면 다행이지만, 서로 자기 잘못이 아니라고 주장을 하게 되면 소송까지 해야 하는 상황이 발생합니다. 판결이 나오기까지 짧으면

6~7개월, 길면 2년 넘게 걸립니다. 이는 물질적으로나 정신적으로나 큰 손해가 아닐 수 없습니다.

저도 비슷한 경험이 있습니다. 투자한 아파트 베란다 천장에서 누수가 발생했는데 윗집이 자기 잘못이 아니라고 계속 주장하는 바람에 소송까지 진행한 적이 있습니다. 뻔히 본인의 잘못인데도 우기는 사람을 보면서 세상에는 상식이 통하지 않는 사람이 많음을 몸소 깨달았습니다.

주식 관련 문제 - 매수한 종목이 계속해서 내릴 때

주식 투자를 하면 다들 수익을 낼 거라고 생각합니다. 하지만 주식 투자에는 수익과 손실의 양면성이 틀림없이 존재합니다. 매체에서는 돈을 번 이야기에만 관심을 두기 때문에 개인 투자자들은 무조건 수익이 난다고 착각하는 경우가 많습니다. 과장을 조금 보태면, 그날의 기분은 보유 종목의 주가에 따라 바뀝니다. 저도 초보 투자자 시기에는 그런 경험을 많이 했습니다. 다행히 투자 공부를 꾸준히 하니 이런 심리를 떨쳐 버리게 되었습니다. 2020년 코로나19로 폭락장이 왔을 때, 저는 심리적으로 흔들리지 않기 위해 주식 앱을 잠시 삭제했습니다. 그리고 어느 정도 주식 시장이 안정될 때까지는 독서에 좀 더 집중하는 시간을 가지면서 투자 지식을 쌓는 기간으로 활용했습니다.

- 재테크 초보자들이 가장 쉽게 시작할 수 있는 투자 방법은 펀드 투자입니다. 펀드를 통해 투자를 경험하면서 다음 스텝을 준비합시다.

- 묻지 마 투자는 그만! 기본적인 분석 절차를 통해 주식 투자를 어떻게 해야 하는지 스스로 공부합시다.

- 내 집 마련은 가정을 꾸려나가는 데 있어서 필수라고 생각합니다. 주식에 투자해 나가면서 자금이 어느 정도 쌓이면 부동산에 투자하여 안정적인 거주 공간을 마련해야 합니다.

- 노후는 국민연금만으로 보장되지 않습니다. 연금은 장기적인 관점으로 접근해야 합니다. 글로벌 자산 배분 전략이 도움이 될 것입니다.

트렌드 파악으로 투자 시야 넓히기

특정 주제에 대한 사람들의 관심도로 해당 주식에 대한 상승을 짐작해 볼 수 있습니다. 즉 사람들의 관심을 많이 받는 기업일수록 주가가 상승할 가능성이 높고, 반대의 경우 하락할 확률이 높다고 생각합니다. 물론 사람들의 관심도가 일정하게 계속 유지되는 기업인데 주가가 오르내리는 경우도 있습니다. 예를 들어 기업에서 신제품이 출시되었는데, 과연 다른 사람들은 이 신제품에 대해서 얼마나 관심을 가지고 있을지 궁금한 경우가 있습니다. 가장 쉬운 방법은 주변 사람들의 반응을 체크하는 것이지만 체크할 수 있는 모수가 적다 보니 정확하지 않을 가능성이 높습니다.

이런 관심도를 측정 할 수 있는 사이트로는 네이버트렌드와 구글트렌드가 있습니다. 제 경우에는 국내 사용자들의 관심도를 파악할 때에는 네이버를, 전 세계 사용자들의 관심도를 파악할 때에는 구글을 이용합니다. 특히 영화나 드라마 같은 미디어를 판매하는 기업이나, 과자, 라면, 등과 같은 식료품 기업에 투자를 할 때 활용을 하면 좋습니다.

1. 네이버 트렌드

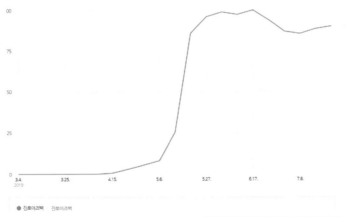

*진로이즈백에 대한 네이버 트렌드 결과 화면

네이버 트렌드의 경우에는 원래 블로거들이 현재 관심이 있는 주제로 글을 쓰기 위하여 많이 활용을 하는데, 이것을 주식투자에 활용을 해볼 수도 있습니다.

주식 투자에 활용할 수 있는 사례를 2019년 4월에 출시한 소주 '진로이즈백'으로 설명해 보겠습니다. 그 당시 진로이즈백은 타사의 '참이슬', '처음처럼'에 밀려서 젊은 세대들이 즐겨 마시는 술이 아니었는데, 제품 홍보/마케팅을 잘 하면서 젊은 세대들의 술로 바뀌게 되었습니다.

네이버 트렌드에서 진로이즈백의 검색 횟수를 확인해 보면 위의 표처럼 보입니다. 2019년 4월부터 검색량이 올라가기 시작하면서 3달 이상 검색량이 이전에 비해 많이 높아진 것을 확인할 수 있습니다.

실제로 같은 기간에 하이트진로 주식 차트와 비교해 보면 진로이즈백이 출시된 2019년 4월부터 주가가 오르기 시작하면서 계속 우상향해 나가는 것을 확인할 수 있습니다. 이렇듯 소비재 품목에 투자하는 경우에는 통계로 사람들의 관심도를 확인하면 투자에 실패할 확률을 조금 더 줄일 수 있습니다.

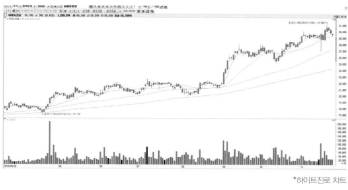

*하이트진로 차트

2. 구글 트렌드

구글 트렌드의 경우에는 네이버와는 달리 전 세계 사용자들을 대상으로 데이터를 수집한 결과를 제공해 주기 때문에 국내외 이슈에 대한 전 세계 사용자들의 관심을 파악하기에 좋습니다.

예를 들어 애플에서 출시하는 아이폰12를 얼마나 많은 사람들이 관심을 가지고 있는지를 살펴봄으로써 판매량을 예측할 수 있고, 그에 따라 애플의 주가도 예측해 투자에 활용할 수 있는 것입니다.

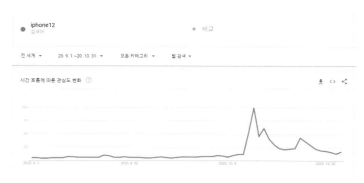

*아이폰12에 대한 구글 트렌드 결과 화면

PART6

월급 외
수입 늘리기

지금까지 절약하는 방법, 그리고 그렇게 모은 돈으로 투자를 하는 방법을 살펴보았습니다. 여기까지 오셨다면 기본적인 돈 관리 방법과 투자 공부는 마쳤다고 보아도 됩니다.

하지만 뭔가 부족하다는 생각이 들 수도 있는데요. 이 책『회사, 언제까지 다닐 거니?』의 제목에 끌린 독자라면 아마도 경제적 자유를 얻어 정년보다 더 빨리 은퇴하는 것, 그리하여 원하는 일을 하는 여유로운 삶을 꿈꿀 것이기 때문입니다. 요즘 '파이어족'이라는 용어가 젊은 층에서 유행하는 것만 보아도 그런 마음을 가진 사람들이 얼마나 많은지 짐작할 수 있습니다.

맞습니다. 능력만 된다면 굳이 60세까지 회사에 구속될 필요는 없지요. 짧은 기간에 더 많이 벌어서 60세보다 이른 나이에 은퇴를 할 수 있다면 인생을 좀 더 다채롭게 살 수 있을 것입니다.

그러려면 어쩔 수 없이 월급 외에 추가로 들어오는 소득이 있어야 합니다. 투자하는 금액이 많아질수록 자산 증식의 속도가 높아진다는 것은 이제 다들 아시지요? 이번 챕터에서는 더 많은 종잣돈 마련을 위해 월급 외 소득을 얻는 몇 가지 방법을 공유하려고 합니다.

---

* 파이어족(FIRE族) : 파이어는 경제적 자립을 의미하는 'Financial Independence'와 조기 퇴직을 의미하는 'Retire Early'의 첫 글자를 따 만들어진 신조어다. 말 그대로 젊은 나이에 재정적 자립을 이루어 일찍 은퇴하려는 사람들을 지칭하는 말이다.

1 블로그 운영하기

직장인들이 가장 쉽게 부업을 할 수 있는 방법은 '블로그 운영' 입니다. 요즘은 유튜브가 대세라는 이야기도 있지만, 텍스트가 잘 어울리는 콘텐츠가 있기 때문에 여전히 블로그로 돈을 버는 사람들이 많습니다. 그리고 유튜브의 경우 하나의 콘텐츠를 만들기 위해서는 기획하고 촬영하는 것뿐 아니라, 촬영한 영상을 구독자가 재미있게 볼 수 있게 편집까지 해야 하므로 초보자들이 바로 시작하기는 쉽지 않습니다.

●블로그의 플랫폼 확장 구조

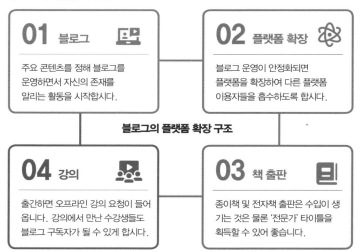

01 블로그

주요 콘텐츠를 정해 블로그를 운영하면서 자신의 존재를 알리는 활동을 시작합시다.

02 플랫폼 확장

블로그 운영이 안정화되면 플랫폼을 확장하여 다른 플랫폼 이용자들을 흡수하도록 합시다.

블로그의 플랫폼 확장 구조

04 강의

출간하면 오프라인 강의 요청이 들어옵니다. 강의에서 만난 수강생들도 블로그 구독자가 될 수 있게 합시다.

03 책 출판

종이책 및 전자책 출판은 수입이 생기는 것은 물론 '전문가' 타이틀을 획득할 수 있어 좋습니다.

월급 외 소득을 올리는 첫걸음으로 블로그가 좋은 이유는 블로그를 오래 운영하면 기본적인 마케팅 수단에 눈을 뜨게 되기 때문입니다. 그러면 다른 플랫폼으로 확장해 나갈 수 있는 가능성이 커집니다. 실제로 쇼핑몰 운영자, 네이버 카페 운영자, 전자책 판매자, 유명 유튜브 채널 운영자들 대부분이 블로그로 시작을 했습니다.

저는 2015년 티스토리 블로그를 통해 블로그로 돈을 벌기 시작했습니다. 시작한 지 2년 정도 지났을 때 이미 연간 2천만 원 정도의 수입을 얻었습니다. 이처럼 블로그는 월급 외에 아주 훌륭한 파이프라인이 되어 주었고, 돈을 버는 방법에 대해 알게 되고 나니 플랫폼을 더 확장시켜서 여러 개의 파이프라인을 설계할 수 있게 되었습니다.

실제로 블로그를 해 보니 좋은 점도 많고 수익도 나쁘지 않아서 월급 외에 다른 수입을 얻고 싶다는 사람들에게 블로그 운영으로 돈을 벌어보라고 조언해 주는데요. "난 글을 잘 못 써." "어떤 주제로 해야 할지 모르겠어." "퇴근하면 집에서 그냥 쉬고 싶어." 등 다양한 이유로 도전하지 않는 경우가 많았습니다. 몇몇은 고민해 보겠다고는 했지만 실제로 시작하는 사람은 거의 없었습니다. 혹 여러분도 고민하고 계신가요? 고민이 많아지면 하지 말아야 할 여러 핑계들을 만들게 됩니다. 고민은 신중하되 짧게, 일단은 시작하는 것이 자산을 늘리는 데 큰 도움이 됩니다.

맨 처음부터 글을 잘 쓰려고 하면 블로그를 시작할 수 있는 사람은 거의 없습니다. 모든 분야가 마찬가지겠지만, 계속하다 보면 글쓰기 실력도 늡니다. 저도 2015년에 처음 발행한 포스팅을 보면 소위 '이불킥'을 하고 싶어집니다. 하지만 그때 그 글을 발행하지 않았더라면 과연 지금의 제가 있었을까 싶습니다.

이제부터 블로그로 어떻게 돈을 버는지 몇 가지 방법을 소개해드리겠습니다. 이 글이 여러분에게 퇴근 후 블로그를 시작할 수 있는 강력한 동기부여가 되었으면 합니다.

CPC 수익

인터넷 웹검색을 하다가 블로그 포스팅이나 뉴스 기사에서 다음과 같은 광고를 본 적이 있을 것입니다.

●블로그 포스팅 내의 CPC 광고 화면

저렇게 글 주변에 광고가 있으면 관심이 있는 사용자는 저 배너를 클릭해 더 자세한 내용을 보고자 할 것입니다. 이렇게 사용자가 배너를 클릭할 때 수입이 발생하는 광고가 CPC입니다.

CPC는 'Cost Per Click'의 약자로, 클릭당 비용이 나가는 방식을 말합니다. 광고 업체는 광고 플랫폼에 홍보를 맡기고, 블로거들은 해당 광고 플랫폼을 블로그 내에 삽입하여 대신 홍보해 주는 것이지요. 홍보 대가로 수익을 얻는 구조입니다.

● 〈구글애드센스〉 수익 화면

CPC 광고 플랫폼 중에 가장 많이 이용하는 것이 바로 〈구글애드센스〉입니다. 저의 경우에도 약 2년 동안 구글애드센스 CPC 수익으로만 약 14,000달러를 벌었습니다. 고수들은 매달 10,000달러 이상 벌기도 합니다. 구글애드센스 플랫폼은 방문자의 캐시를 분석하여 해당 사용자가 관심 가질 만한 광고들을 보여주기 때문에 클릭율이 상대적으로 높게 나오는 장점이 있습니다. 단, 네이버 블로그에서는 구글애드센스 플랫폼을 연동시킬 수 없으므로 참고하기 바랍니다.

CPA 수익

CPA는 'Cost Per Action'의 약자로, 광고주가 요구하는 행동을 방문자가 하는 경우, 비용이 지급되는 방식의 광고입니다. 상담 신청, 무료 샘플 신청 등의 배너를 통해 신청서를 작성하여 제출하는 방식이 대표적인 CPA 광고라고 보면 됩니다. CPA는 단가가 꽤 높은 편입니다.

● 블로그 포스팅 내의 CPA 광고 화면

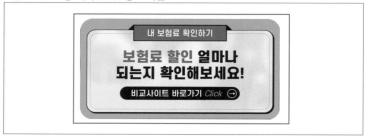

CPA 광고를 중간에서 연결해 주는 제휴 사이트를 통해 수익금 랭킹을 확인해 보니(2020년 기준) 약 9억 원 이상의 수익을 올린 사람이 1위였고, 10위가 2억 5천만 원 정도였습니다.

CPS 수익

CPS 광고는 'Cost Per Sale'의 약자로서 방문자가 해당 링크를 통해 물건을 구매하게 되면 판매 건당 비용이 지급되는 방식입니다.

●블로그 포스팅 내의 CPS 광고 화면

대부분의 블로거들은 쿠팡 파트너스나 아마존 서비스를 이용하여 CPS 활동을 하고 있습니다. 조심해야 할 점은 해당 제품을 써보지도 않고 무조건 좋은 의견만 작성하는 것으로는 절대 수입을 벌 수 없다는 것입니다. 해당 글을 통해 예비 구매자들이 원하는 정보를 알려주면서 마케팅 글쓰기 방식을 활용하여 구매를 유도하는 것이 핵심입니다.

위 방법들 외에도 원고 작성, 체험단 활동, 브랜딩을 통한 강의 활동 등 블로그로 돈을 벌 수 있는 방법은 정말 다양합니다. 많은 분들이 어떤 주제로 블로그를 운영할지 고민만 하는데, 저는 우선 집 앞의 카페나 음식점을 다녀온 후기부터 써 보라고 말씀드리고 싶습니다. 일단 시작을 해서 글을 쓰는 재미를 느끼고 이웃과 소통하며 성취감을 맛보면 자연스럽게 포스팅을 여러 방면으로 꾸준히 하게 될 것입니다.

2 전자책 판매하기

2019년 말부터 개인의 전자책 판매가 활성화되기 시작했습니다. 전자책은 직장인에게도 좋은 재테크 수단입니다.

제가 전자책을 써서 판매하라고 권하면 글을 쓴다는 것에 부담을 가지는 사람들이 많습니다. 하지만 전자책은 어떤 특정 분야에 대한 나만의 노하우를 정리해서 판매하는 것에 가깝기 때문에 생각보다 어렵지 않습니다.

예를 들어 '블로그로 돈 버는 노하우' '포토샵 없이 홈페이지 완성하는 방법' '카드 뉴스 잘 만드는 법' 등의 실용적인 노하우들을 잘 정리하여 판매할 수 있습니다.

요즘 전자책을 사고팔 수 있는 여러 사이트가 생겨났습니다. 이미 이 시장을 긍정적으로 전망하는 것이지요. 대표적인 전자책 플랫폼으로는 〈크몽〉이 있습니다.

● 전자책 판매 사이트 〈크몽〉

저의 경우에도 2020년 5월부터 전자책을 판매하기 시작했습니다. 매달 큰 수입은 아니지만 소소하게 주식을 매수할 수 있을 정도의 소득을 올리고 있습니다. 전자책 판매의 장점은 초반에 책을 쓰는 시간과 노력만 들이면 제가 자는 동안에도 돈이 들어온다는 것입니다. 물론 전자책 판매를 위해 주기적인 마케팅 노력은 필요합니다. 그럼에도 이것만큼 월급 외 소득을 쉽게 벌 수 있는 좋은 수단이 없다고 생각합니다. 거기다 전자책은 일반 책처럼 200~300페이지의 분량을 채울 필요가 없습니다. 저는 보통 50페이지 정도로 작성을 해서 판매를 하고 있습니다.

전자책 시장이 활성화되기 시작하면서 '전자책 작성하는 방법'에 대한 강의도 많고 전자책도 판매되고 있습니다. 전자책 만드는 것이 너무 어렵게 느껴진다면 그런 강의를 수강하여 기본적인 것을 배우는 것도 나쁘지 않다고 생각합니다. 저도 한 달 정도 전자책 작성 온라인 단톡방에 참가해 기본적으로 어떤 것을 준비해야 하고, 어떻게 접근을 해야 하는지 개념을 익힌 다음에 시작했습니다. 그렇게 시작한 것이 현재까지 괜찮은 파이프라인이 되어 주고 있습니다.

전자책 판매의 장점은 나만의 노하우가 계속해서 생기면 또 다른 책을 써서 추가적인 판매를 할 수 있다는 것입니다. 처음에는 잘 아는 분야로 시작했지만, 나중에는 새롭게 관심이 생긴 분야를 공부하고 그러면서 알게 된 정보를 정리하여 판매하면 자기계발에도 도움이 되고 수익도 올리니 일석이조입니다. '재테크 비법' '사직 찍는 법' '아이패드로 그림 그리는 법' 등 전자책으로 만들 수 있는 것은 무한하다고 생각합니다. 전자책 판매 시장이 커져 경쟁이 심해지기 전에 미리 진입해서 시장을 선점하는 것이 좋습니다.

3 기프티콘 현금화하기

요즘은 생일이나 기념일이 되면 지인들로부터 기프티콘을 통해 선물을 많이 받게 됩니다. 그리고 최근에는 회사에서도 기프티콘을 통하여 직원들에게 선물을 주는 경우가 많습니다.

가끔 기프티콘을 너무 많이 받아서 본인이 모두 사용을 하기에는 무리인 경우가 있는데, 이럴 때 기프티콘 판매 앱을 통하여 현금화시키면 소소하게 돈을 벌 수 있게 됩니다. 물론 상대방이 나에게 준 선물이기 때문에 이것을 재판매하는 것이 상대방에 대한 예의가 아니라고 생각할 수 있습니다. 하지만 나에게 굳이 필요 없는 기프티콘이나 혼자 다 사용할 수 없는 기프티콘들이 있다면 중개 사이트에 등록하여 판매하는 것도 나쁘지 않은 방법이라고 생각합니다.

●〈니콘내콘〉 중개 플랫폼 판매 내역

판매 센터			판매내역		×
리뷰	완료	정산	2020.10.13		
판매 수락 상품명 **고마워요(생크림 카스텔라+슈크림 바움쿠헨+아메 2잔)**			쿠폰판매 금액		2,950
			2020.09.14		
유효기간 ~2020.11.02			쿠폰판매 금액		13,000
바코드 끝번호 6자리 622591			2020.08.03		
제시가 15,250			쿠폰판매 금액		15,250
2020.06.27			2020.06.29		
판매 수락 상품명 **고마워요(생크림 카스텔라+슈크림 바움쿠헨+아메 2잔)**			쿠폰판매 금액		15,250
유효기간 ~2020.09.28			2020.06.11		
바코드 끝번호 6자리 614442			쿠폰판매 금액		3,370
제시가 15,250			2020.06.11		
2020.06.11			쿠폰판매 금액		1,100
판매 수락 상품명 카페아메리카노 T					
유효기간 ~2020.07.11					

　제 경우에는 2020년에 쓰지 않는 기프티콘을 판매해서 얻은 이익이 약 30만 원 정도입니다. 이 금액이 얼마 안 되는 것 같지만, 은행의 예금을 통하여 1년에 30만 원의 이자 소득을 얻기 위해서는 약 3,000만 원을 예치해야 합니다. 게다가 종잣돈이 부족한 주식 투자 초반에는 번외로 이 정도 금액을 추가하는 것을 결코 무시할 수 없습니다.

　기프티콘 판매 사이트의 또 다른 장점은 유효기간이 얼마 남지 않은 기프티콘을 싸게 매입할 수도 있다는 점입니다. 만약 커피 전문점에 가서 음료를 마시고 싶거나, 패스트푸드점에서 햄버거를 먹고 싶은 경우, 제품의 가격을 모두 지불하지 말고 기프티콘 사이트에서 싸게 매입해서 제품을 교환하면 쉽게 생활비를 절약할 수 있습니다. 귀찮음을 이겨내면 돈을 절약하고 모을 수 있습니다. 재테크의 핵심이 '절약하고 모아서 불리는 것'임을 잊지 말아야 합니다.

⁴ 책테크하기

책을 꾸준히 읽다 보면 책장에 점점 많은 책들이 쌓여갑니다. 하지만 앞으로 다시 보지 않을 책이 쌓이는 것은 스트레스입니다. 그럴 때는 중고 서점에 책을 판매하면 됩니다. 책을 깨끗이 보는 사람들은 거의 새 책과 같을 정도로 상태가 좋기 때문에 가격을 잘 받을 수 있게 됩니다. 저도 책은 소유하는 것이라고 생각해서 버리거나 판매할 생각을 하지 못했는데 지금은 다시 보지 않을 책은 중고로 판매하여 소득을 얻고 있습니다.

중고책을 판매할 수 있는 곳은 〈YES24〉, 〈알라딘〉 등이 있습니다. 판매를 하고 싶은 책들을 박스에 넣어서 택배로 보내면 해당 사이트에서 책 상태를 검수한 다음, 현금을 지급합니다. 사이트 내에서 판매할 책의 예상 매입가를 확인할 수 있습니다. 보통은 예상 매입가보다 적은 가격을 받게 되는데 나에게 불필요한 물품을 현금화시켰다는 것에 의의를 두고 판매를 하면 됩니다.

어떤 책은 구매한 가격보다 훨씬 더 비싼 가격으로 판매가 가

●〈YES24〉 바이백 화면

능합니다. 2019년에 구매한 투자 관련 서적이 마침 절판되었는데, 투자를 하는 사람들이 이 책을 많이 찾는다는 것을 알게 되었습니다. 그래서 〈YES24〉에 약 5배 높게 가격을 책정해 두었는데 며칠도 안 되어서 판매가 되었습니다.

책이 절판되면 정가보다 훨씬 높은 가격을 받을 수 있다는 점을 고려하여, 가치가 있다고 생각하는 책들은 종이책으로 구매를 해서 소장하는 것도 좋은 재테크 수단이 될 수 있습니다.

5 돈이 되는 취미 찾기

요즘 30대 사이에서 사이드잡이 트렌드로 떠오르고 있고, 사이드잡과 관련된 책들도 서점에 많이 진열되기 시작하고 있습니다.

그 이유는 월급만으로는 계속해서 상승하고 있는 부동산을 매수하기에 턱없이 부족하기 때문입니다. 게다가 전셋값도 계속 상승하고 있기 때문에 월급을 차곡차곡 모아서 전세금을 올리는 데 모두 사용하는 것이 현실입니다.

● 신한은행 보통사람 금융생활 보고서 2020

2020년 9월에 신한은행에서 발행한 '보통사람 금융생활 보고서'를 보면 2018년에 비해 2019년에 본업과 부업을 병행하는 일명 '투잡족'의 비율이 약 2% 정도 증가한 것을 알 수 있습니다.

즉 경제 활동 인구의 10명 중 1명은 사이드잡을 통해 추가 수입을 창출하고 있다는 뜻입니다. 그리고 향후 투잡 계획을 물어보는 조사에서 투잡을 할 계획이 있다는 비율이 약 25%에 달하는 것을 보면 앞으로 더 많은 사람들이 사이드잡을 가질 것이라고 예측할 수 있습니다.

생계형의 경우 대리운전, 택배가 가장 많은 비율을 차지하고 여가형의 경우 파트타임 강사, 자기계발형의 경우에는 통·번역이 가장 많은 비율을 차지합니다. 여기서 우리가 눈여겨 봐야 할 것은 바로 취미형입니다. 다른 유형에 비하여 우리가 가장 접근하기 쉬운 유형이고 자신의 취미를 잘 살릴 수 있다면 그만큼 진입장벽도 낮아서 여러 가지로 부담이 적기 때문입니다.

누구에게나 자기가 관심 있거나 잘하는 취미가 있습니다. 취미를 즐기는 것으로 끝내지 말고 수익으로 연결시키는 방안을 고민해야 합니다.

예를 들어 자동차를 좋아하는 사람의 경우, 자동차 블로그나 커뮤니티를 운영하면서 '엔진 관리하는 방법' '타이어 교체 시 꼭 알아두어야 하는 점' 등 사람들이 관심 가질 만한 콘텐츠를 만들어 제공하면 회원들도 늘어나서 나중에는 자동차 관련 제품들을 판매하면서 수입과 연결할 수 있습니다.

스크루지의 사이드잡 이야기

저는 20대부터 운동을 꾸준히 하고 퇴근 후에는 운동과 관련된 서적들을 많이 읽으면서 지식을 쌓았습니다. 처음에는 지인들을 대상으로 운동을 알려주었는데, 실제로 효과를 본 사람들이 늘어나면서 이것을 사이드잡으로 바꿔야겠다고 생각했습니다.

우선 홍보를 위해 SNS를 운영하면서 나만의 노하우를 콘텐츠로 제작하기 시작했습니다. 평일에는 회사 업무에 집중하기 위해 주로 주말을 이용하여 콘텐츠를 미리 만들어두고, 평일에 하나씩 배포하는 식으로 운영을 했습니다. 이렇게 꾸준히 하다 보니 방문자, 구독자 수가 급격히 증가하게 되었고, 나중에는 이분들을 대상으로 유료 서비스를 제공하기 시작했습니다. 운동을 잘하지 못하는 사람들을 대상으로 운동하는 방법과 식단까지 제공했습니다. 타이트하게 관리해 준다는 입소문이 나서 회원들이 점점 늘어나 이제는 월급 외 소득을 가져다주는 하나의 파이프라인이 되었습니다.

그리고 3년 전부터 주식과 부동산 관련 투자를 공부하면서 내공을 쌓고, 이제는 이것을 다른 사람들에게 지식을 공유하는 투자 커뮤니티를 운영하면서 수입을 올리고 있습니다. 투자를 잘하려면 시간을 많이 투자해야 합니다. 내가 얼마나 더 많은 시간을 들여서 데이터를 수집하면서 공부했느냐에 따라 수익률이 차이가 납니다. 아무래도 주식이나 부동산 투자가 처음인 분들은 어디서부터 데이터를 확인해야 하는지 알기 힘듭니다. 제가 그런 분들의 수요를 파악하여 공급해 주는 것이지요. 실제로 투자를 하면서 공부한 자료들을 요약해서 전달해 주고, 어떤 데이터들이 중요한지에 대하여 알려드리고 있습니다. 또 한 달에 한 번씩 온라인에서 모여서 투자 및 사이드잡에 관한 소식들을 공유합니다. 이런 커뮤니티는 서로 발전해 나가는 데 큰 도움이 됩니다. 공부하는 자료를 공유해 주기만 하면 되니 운영에 많은 시간이 들지 않아 좋습니다. 다른 참여자들도 각자 공부하면서 얻은 지식을 공유하고 있어서 저 역시 많은 배우고 있습니다.

이 밖에도 다양한 활동들을 통하여 추가로 월급 외 소득을 올리고 있습니다. 그리고 앞으로도 재능을 계속 발전시켜서 파이프라인을 늘려나갈 예정입니다.

이처럼 본인이 가지고 있는 재능은 정말 다양하기 때문에, 사소한 취미라도 수입으로 연결 짓는 경험을 해 보면 좋겠습니다. 다만 여기서 주의할 점은 본업에 영향을 끼치지 않은 선에서 해야 한다는 것입니다. 대부분의 직장인은 본업에서 얻는 월급이 가장 안정적이고 큰 수입일 테니 변동성이 큰 사이드잡보다는 본업에 충실해야 합니다. 간혹 월급 외 소득에 집중한 나머지 직장을 그만두는 분들이 있는데 저는 개인적으로 그 방법을 추천하지는 않습니다. 물론 월급 외 소득이 본업에서 얻는 소득보다 많아진다면 고려해 볼 수 있겠습니다만, 그전까지는 퇴근 후나 주말에 시간을 아껴서 사이드잡을 운영하면 좋겠습니다.

지금까지 재테크의 기본인 절약과 주식 투자 및 부동산 투자의 기본, 그리고 투자금을 늘리는 월급 외 소득 얻는 법까지 살펴보았습니다. 욕심을 내지 않고 기본에 충실한다면 모두 일정 기간이 지난 후에는 어느 정도 경제적인 여유를 얻으리라 확신합니다.

자! 그럼 오늘부터 재테크 라이프를 시작해 볼까요? 여러분의 경제적 자유를 응원하겠습니다.

🔍 스크루지의 핵심 정리

• 은퇴를 하루라도 더 앞당기기 위해서는 젊을 때 더 많은 돈을 벌어야 합니다. 월급 외 소득을 통해 투자를 위한 시드 머니를 더 늘리도록 노력합시다.

• 자신이 조금만 노력하면 블로그 운영이나 전자책 판매로 수익을 올릴 수 있습니다. 여가 시간을 잘 활용합시다.

• 자신의 재능을 활용하여 수익화에 성공하면, 취미가 돈이 되는 파이프라인을 만들어 낼 수 있습니다.

취미를 돈으로 만드는 재능 판매 사이트

재능과 취미를 수입으로 연결까지 시켜주는 재능 판매 사이트들이 있습니다. 주로 직장인들이 월급 외 소득을 올리기 위해서 활동을 하고 있는데, 여기서 활동을 하다가 월급보다 더 많이 벌게 되어 퇴사를 하고 본격적으로 활동하는 분들도 있습니다. 대표적인 사이트 몇 가지를 소개해 드립니다.

1. 크몽

본문에서 설명했듯 크몽은 재능 판매 사이트 중 가장 활성화된 플랫폼으로서 이용자가 가장 많습니다. 많은 사람이 디자인, 프로그래밍, 마케팅, 번역 등 다양한 재능을 판매하고 있으며, 실제로 구매율도 꽤 높습니다. 남들은 가지고 있지 못한 특별한 능력이나 노하우를 가지고 있다면 크몽에서 판매자로 활동하며 월급 외 소득을 올려보시기 바랍니다.

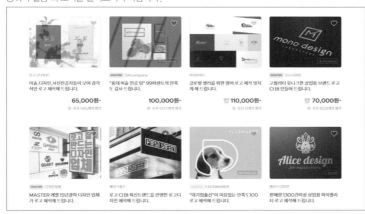

2. 클래스101

클래스 101이 크몽과 다른 점은 바로 온라인 강의 형식이라는 점입니다. 최근 많은 유튜버가 이곳에서 활동하면서 추가 소득을 올리고 있으며 신규 개설 강좌들도 계속 늘어나고 있습니다. 특정 분야에 대해 강의 경험이 있고 이것을 온라인으로 수익화해 보고 싶다면 이곳에서 활동해 볼 것을 추천합니다.

3. 아이디어스

특별한 손재주가 있는 분들은 아이디어스 사이트를 이용하면 좋습니다. 비누, 향수, 방향제, 인테리어 소품은 물론 케이크, 반찬 등 음식까지 판매할 수 있는 플랫폼입니다. 특히 미술을 전공한 작가들이 활동을 많이 하고 있어 이 사이트를 통해 구매를 하는 젊은 이용자들도 늘어나는 추세입니다.

4. 프립

프립은 원데이 클래스로 잘 알려진 사이트입니다. 베이킹, 공예 등에 재주가 있거나 액티비티(운동, 서핑, 요가)에 남다른 재능이 있다면 프립에서 호스트로 활동을 하여 월급 외 소득을 올릴 수 있습니다. 프립에서 인기 호스트로 인지도가 높아지면 더 많은 사람이 관심을 두고 클래스를 수강합니다. 인기 호스트가 되려면 꾸준히 활동하는 것이 무엇보다 중요합니다.

참고자료

KB리브온,「월간 KB 주택 가격 동향」, 2020. 09

NPS,「전국 국민연금 급여지급 통계」, 2020. 11

OECD,「Korea Economic Survey 2020_in KOR」

신한은행,「2020 보통사람 금융생활 보고서」, 2020. 04

통계청,「2019년 인구주택총조사 결과」, 2020. 08. 28

통계청,「임금근로일자리 소득(보수) 결과」, 2020. 01. 22

한국거래소,「KRX ETF/ETN Monthly」, 2020. 09